꽃밭에 우산

남편에게 배운 말씀
시로 꽃피워 하늘로 보냅니다.

김명희

갑자기 20년, 아니 30년 만에 시를 쓰기 시작했다. 회복, 미궁 속에서, 거듭남, 비밀, 물들고 싶어요…. 3개월 동안 무려 120편 정도를 썼다. 시의 첫 독자였던 남편은 아주 신기하게 바라보면서 말했다. "당신, 시 제조기야? 뚝딱, 하면 글이 나와?"

예기치 않게 찾아온 남편의 죽음은 맹희의 시를 동굴 밖으로 나오게 했다. 왜 이런 각본이고 왜 이런 연출이어야 하는지는 아무도 모른다. 다만 그녀가 아는 것은 하나님은 선하시고 완전하시다는 것, 하나님이 정하신 때는 모두 아름답다는 것이다. 그리고 시보다 아름다운 것은 하나님의 말씀을 그대로 믿는 '믿음'.

꽃밭에 우산

프롤로그

첫눈이 내리던 지난 12월의 어느 날이었습니다. 뇌의 부종 때문에 만니톨을 많이 쓰다 보니 혀까지 마른 것인지, 남편의 말은 알아들을 수가 없었습니다. 재차 몇 번이나 묻자, 에이씨. 그에게서 들은 유일한 나쁜 말입니다.
작년 8월, 뇌에 발생한 림프종 때문에 갑자기 쓰러져 병원에 입원한 후, 각종 검사를 했습니다. 머리에 구멍을 뚫고 뇌 조직 검사까지 했습니다. 그리고 그 힘든 4차 항암의 과정을 다 견디면서도 그는 단 한 마디의 불평도 없었는데 그날, 그 흐드러지게 눈발이 날리던 병원에서의 그날, 아내와의 소통마저 어려움을 겪게 되자, 그는 에이씨, 하고 눈을 감아버렸습니다.
창밖으로 쏟아지는 하이얀 눈발과, 침대에서 내려올 수조차 없어 눈 구경도 못 하고 누워만 있는 남편을 번갈아 바라보면서, 나는 속으로 하염없이 울고 있었습니다. 그리고 생각했습니다. '아, 시집을 내야겠다.' 왜 그런 생각을 했는지는 모르겠습니다. 30년이 넘게 그에게서 배운 말씀이 내 시의 뼈가 됐다고 생각했기 때문인 것 같습니다. 내가 그에게 줄 수 있는 최고의 선물….
그는 떠났지만, 그의 가르침은 내 시의 꽃으로 피었습니다. 먼저는 하나님께 바칩니다. 그리고 사랑하는 남편과 나의 모든 이웃들에게.

2022. 7. 25.
경헌이의 반쪽, 맹희가 드립니다.

차례

프롤로그 5

1.

회복 12
미궁 속에서 15
거듭남 18
비밀 19
질문 21
예전엔 미처 몰랐어요 24
마음 1 25
생각 3 28
재판관 32
풍경 34

2.

물들고 싶어 40
새와 한 약속 43
유리창 46
그리움 47
신부(新婦) 48
소리 내지 않아요 50
새의 물 52
배부름 55
마음 6 – 성전 58
그릇 60

3.

내가 검독수리보다 나은 것은   66
마음 8 - 어떻게 알았을까요   69
소녀와 들꽃   71
백향목   73
바다의 소리   76
약속 1 - 가족사진을 보며   78
아버지의 마음   80
발견되기를   82
누구의 탓일까   84
나무의 독백   87
꿈 이야기   90

4.

지혜는 어디에서 캘꼬   96
지휘자   100
제우스와 여호와   102
음계와 십계   106
사랑한다는 것은   109
수업 1   110
빨래   112
거울   114
울 아부지   116
아프칸의 소녀   117
주님을 믿는 이유   120

5.

다시 볼 수 있을까　　　　　124
어머니의 첫사랑　　　　　　128
두 여자 – 마지막 말　　　　131
세상에는 없는 일　　　　　　135
뒷 가슴　　　　　　　　　　137
가을꽃　　　　　　　　　　　140
포기　　　　　　　　　　　　144
이사　　　　　　　　　　　　149
봄이 간다고 서러워마라　　　151
문득, 내 걸음을 멈추게 한 것　154

6.

색색으로 등불 밝혀　　　　　158
시래기 나물　　　　　　　　　162
간장　　　　　　　　　　　　165
만종(晚鐘)　　　　　　　　　167
열매　　　　　　　　　　　　169
뿌리가 말하다　　　　　　　　170
밤이 오면　　　　　　　　　　174
준비　　　　　　　　　　　　176
수레국화　　　　　　　　　　178
꽃밭에 우산　　　　　　　　　179

에필로그　　　　　　　　　　182

1

회복

회복

도적이 들어오면 집이라도 남지
불이 나면 집터밖에 없다

아직도 들려오는 어머니의 목소리

그러나 어머닌 알지 못하셨다
도적이 들어와 불을 놓은 곳이
하필 내 영혼의 집일 줄

또 있다
어머니께서 알지 못하신 것

그렇게 불타버린 영혼의 집터에도
다시 새순이 돋고 나무가 자라
울창한 숲이 될 수 있음을

어느 해 봄날이다
내 심령 속
온통 까만 흙 부스러기 틈새로
바람 날개를 타고 들어와 자리 잡은
말씀 씨앗 하나

하나님이 세상을 이처럼 사랑하사 독생자를 주셨으니
이는 저를 믿는 자마다 멸망하지 않고
영생을 얻게 하려 하심이라
요한복음 3장 16절

1996년 강원도 고성 산불 현장의 생태계가 그 후 어떻게 복원되어 가는지 본 적이 있다. 산불이 산 전체를 태우고, 땅속의 씨앗은 물론 미생물까지 숯덩이가 되게 하는 데 걸린 시간은 고작 3일. 복원되는 데는 50년 이상 걸린다고 한다.

사람은 더 비관적인 것 같다. 자연적으로 복원이 되지 않은 채, 영영 잿더미로 끝나버리고 마는 인생들도 있기 때문이다. 나도 그럴 뻔한 인생이었다. 그런데 내 안의 생태계에 이렇게 힘찬 생명수가 다시 흐르게 된 것은, 순전히 내가 다른 생명을 이식받았기 때문이다.

세상 죄를 지고 가신 어린양 예수. 사망 권세를 뚫고 사흘 만에 부활하신 나의 주 그리스도. 나는 절망 속에서 그의 이름을 부르고 마음에 모셔 들인 것 뿐인데, 회복은 거기서부터 시작되었다.

나의 간증을 노래한 시다.

미궁 속에서

들어가는 길은 있어도
나올 길 없는 곳을
'미궁'이라 부르자

그 보이지 않는 미로의 출구를 찾아
이리저리 헤매는 것을 '방황'이라 부르자

산다는 것은 그 길 위에서
잠시 사랑하고, 아이 낳고, 이별하고, 죽고, 죽이는…

죽어가는 중에 발견한 표지(標識) 하나 -
내 혼돈의 끝은 아리아드네의 실타래가 아니었다
이 한 문장을 만난 것이다

태초에 하나님이 천지를 창조하시니라

*아리아드네의 실타래는 그리스·로마 신화에 나오는 이야기이다. 그리스의 영웅 테세우스는 자신의 나라 선남선녀 12명이 해마다 미노타우로스(반인반우)의 제물로 바쳐져 죽는 것을 막기로 마음먹는다. 그러나 문제는 그 미궁으로 들어가면 누구든 길을 잃고 나올 수 없다는 사실이다. 그때 첫눈에 테세우스에게 반한 크레타 미노스 왕의 딸, 아리아드네가 기지를 발휘한다. 테세우스 손에 실타래를 쥐여준 것이다. 그 실타래 때문에 테세우스는 마침내 미노타우로스를 죽이고 미궁을 빠져나와 생명을 건진다.

우리네 인생의 길도 미궁이 아니고 무엇이랴. 때론 길이 없고, 때론 길이 너무 많아 혼란스럽다. 이 길 아니면 저 길 헤매어보지만, 정작 어디로 가야 할지 출구는 보이지 않는다.

내가 그랬다. 스무 살 때 길을 잃었다. 그리고 나는 몇 해 동안 불면의 밤을 보내야 했다. 누군가 새벽이 무슨 색이냐고 물으면 대답할 수 있을 정도였다. 뜬눈으로 밤을 지새우며, 새벽이 오는 길목의 빛깔을 숱하게 목격했기 때문이다.
그때 주님의 말씀을 들었다.

내가 곧 길이요 진리요 생명이다 (요 14:6).

아아 주님….

나는 어렴풋이 목소리가 들려오는 출구의 방향을 감지했다. 방향뿐 아니라 삶의 목적도 동터오기 시작했다.

그렇다. 미로를 빠져나오도록 나를 생명의 길로 잡아끈 실타래는 아리아드네가 손에 쥐여준 게 아니다. 내 생명의 실타래는 성경의 첫머리에 있었다. 그분이 인류를 위해 선포하신 계시의 첫 말씀이다.

✝ 태초에 하나님이 천지를 창조하시니라 (창 1:1)

거듭남

내 눈은 여전한데
꽃은 꽃이 아니고
내 눈은 여전한데
바람은 바람이 아니어라

꽃 속에서
지으신 이의 얼굴이 보이고
바람 속에서
지으신 이의 권능이 보이고
나라들 속에서
역사의 주관자가 보이니

간밤, 무슨 일이 일어난 것일까
내 마음속에서

† 그런즉 누구든지 그리스도 안에 있으면 새로운 피조물이라
이전 것은 지나갔으니 보라 새 것이 되었도다 (고후 5:17)

비밀

하루 또 하루
쌓여가는 것은 비밀한 언어
강둑에 모래가 켜켜 쌓이듯
내 안에 층을 이루며 서걱거리는
낱말들

다독이며
삭히며
발로 꾹꾹 눌러
그곳에 한 그루의 나무를 심을 수 있다면

이불 속에서 몰래 삼킨 눈물이
비가 되게 하여
그 나무에 꽃이 피게 하겠습니다

하오나 제겐 그럴 능이 없어
이제 나의 언어 당신께 드립니다

꽁꽁 숨겨 놓은 그것까지
모두
모두

† 만일 우리가 우리 죄를 자백하면, 그는 미쁘시고 의로우사 우리 죄를 사하시며 우리를 모든 불의에서 깨끗하게 하실 것이요 (요일 1:9)

비밀은 무겁다. 밥맛을 잃게 하고, 말할 맛도 잃게 한다. 울어도 소용없고, 세상만사가 시시하다. 내 마음은 이러한데 아랑곳없이 왜 태양은 뜨고 지는가. 이 문제를 처리하지 않고는 잠맛도 없다. 혼자 해결할 수 있으면 왜 하지 않으리.

이때 나는 알았다. 진실은 다 아름다운 게 아니라고. 추할 수도 있다고. 구차스럽다고. 그래서 고백하기 어려운 것이라고, 그래서 고백록을 쓰는 사람들은 위대한 분들이라고.

그러나 주님이야말로 위대한 분이셨다. 주님 앞에 고백하는 것은 부끄럽지도, 수치스럽지도 않기 때문이다. 묻지 않아도 다 털어놓게 되는 이유, 그분이 가지고 있는 힘이 아니고 무엇이겠는가. 인격의 힘. 죄 사함의 힘이다. 오히려 그분 앞에 나아가 마음을 열고 아뢰면 아뢸수록, 울면 울수록 정결해지고 새로워지는 것을 경험하는 청량한 기도의 시간이었다.

그랬다. 나는 나의 비밀 때문에 예수님께로 나아갔다. 그러나 정작 태초부터 감추어진 '우주의 큰 비밀'을 가지고 계신 분은, 곧 그분이라는 것을 알았다(고전 2:7. 골 2:2). 위대하고, 신비하고, 진실하고, 아름답기만 한 비밀의 주인공. 어느덧 나는 나의 비밀의 무게를 떨쳐버리고, '주님의 비밀'을 알고 싶은 한 사람이 되었다.

그는 누구인가?

질문

흔들리는 비행기 안에서 그가 물었네
세상에서 가장 위대한 질문이 뭔 줄 아나?

......

이것이라네 바로
당신은 죽은 후 어떤 사람으로 기억되기를 원하는가?

내가 말했네
친구여, 내가 가장 좋아하는 질문은 뭔 줄 아나?

......

이것이라네 바로
어느 날 주님이 찾아와 내게 한 질문—

아담아, 아담아 네가 어디 있느냐

† 아담과 그의 아내가 여호와 하나님의 낯을 피하여 동산 나무 사이에 숨은지라 여호와 하나님이 아담을 부르시며 그에게 이르시되 네가 어디 있느냐 (창 3:8-9)

네. 주님. 제가 범죄 현장에 있습니다. 가까스로 그곳을 도망쳐 나오긴 했지만, 너무 두려워 나무 뒤에 숨었습니다. 벌거벗었거든요. 누가 볼까 두렵고, 누가 알까 두렵습니다. 아닙니다. 보는 이 없고, 아는 이 하나 없는데도 사방이 두렵습니다. 어떻게 해야 하나요? 죄 때문에 온 통 제 삶이 헝클어져 버렸어요. 제힘으론 이 문제를 풀 수가 없습니다.

그때 당신은 말씀하셨지요.

더 이상 숨지 말고 내게로 오너라.
벌거벗었어도 좋다.
겨우 나뭇잎으로 가렸어도 좋다.
아버지 품으로 오너라.
네 죄가 주홍같이 붉을지라도 양털처럼 희게 될 것이다.
내가 네 손가락에 언약의 가락지를 끼우마.
좋은 옷으로 갈아입힌 후 큰 잔치도 열리라.

주님, 감사합니다. 별들의 수효를 세시고, 그 하나하나에 이름을 붙여 주시는(시 147:4) 당신이, 제 이름을 불러줬을 때 어느 시인의 노래처럼, 난 이미 당신에게로 와 꽃이 되었습니다. 그래서 제게는 이 질문이 가장 의미 있고 위대한 질문이랍니다. 아담아, 아담아 네가 어디 있느냐.

네. 주님.
지금은 당신이 세우신 그 자리에 있습니다.

예전엔 미처 몰랐어요

알고 보면 당신이 원하는 건 어려운 게 아닙니다
하늘의 별을 따오라는 것도 아니고
바람의 꼬리를 붙들어 매오라는 것도 아니니

하온데 어찌도 이리 어려운지요
한쪽 뺨을 맞으니
더 세게 때리고 싶고

두 벌 옷을 갖지 말라시니
한 벌이라도 가장 빛나는 걸 갖고 싶으니

허다한 무리, 나는 제자는 아닌가 봐요
그래도 그냥 돌아설 순 없어
당신 곁을 서성이는데

예전에 미처 몰랐어요
내가 날 이렇게 사랑하고 있는 줄은

마음 1

어찌하여 너는 나를 벗어나
먼 들녘을 맨발로 뛰어다니느냐
꾸짖어도
또다시 나의 마음은
당신에게서 길을 바꾸고
내게서 달아나
사나운 말처럼 방향도 없이
밤길을 달리다 달리다
여기저기 멍든 상처만 안고 쓰러졌습니다
그리고 여러 날 잠만 잤습니다
당신을 뵈옵는 것이 부끄러운 듯
잠만 잠만 잤습니다
그러나 전 압니다
그래도 깨어나 홀연히
내가 돌아가야 할 곳은
주
님
밖
에
없다는 것을

† 모든 지킬 만한 것 중에 더욱 네 마음을 지키라

생명의 근원이 이에서 남이니라 (잠 4:23)

젊은 날, 잘 다듬어지지 않은 나의 마음을, 하나님의 말씀으로 길들이기란 쉽지 않았습니다. 그리스도인이 된 후, 가장 많은 시간과 에너지를 쏟아부은 영역이 있다면, 바로 '생각 바꾸기'였으니까요. 생각이 바뀌어야 마음이 바뀔 터.

대저 그 마음의 생각이 어떠하면 그 위인도 그러한즉(잠 23:7)

먼저 뇌에서 작동되고 있는 해로운 신경회로의 활성화를 중단시켜야 한다고 하더라고요. 짜증, 분노, 염려, 불안, 두려움, 게으름, 욕망, 탐욕…. 이런 해로운 사고방식이 약화 되지 않은 이상, 성품은 그리스도의 형상으로 변화될 수 없다는 거였어요.

예수님께서 '간음'을 재해석하신 유명한 말씀의 배후도, 그런 의미라고 하더군요. 우리가 상상 속에서라도 계속 죄를 지으면, 해로운 회로가 강해져 성품이 치유될 수 없다고. 예수님께서는 이미 그것을 알고 하신 말씀이었어요. 감옥의 죄수들이 잘 변화되지 않는 이유 또한 그렇고요. 감옥이 그들의 상상까지는 통제할 수 없으니까요.

그러나 생각이 바뀌면 뇌도 바뀐다고 했어요. 내 뇌에서 어떤 회로가 활성화될지는 내 '마음'의 결정에 달려 있고요. 신경계의 마음이란 곧 '전두대상피질(ACC)'. 우리의 뇌에 '마음'이나 '양심', '이성'을 관장하는 부위가 있다는 게 퍽 흥미로웠지요. 짜증과 분노 표출이 강한 나의 뇌도, 편도체가 과잉활동을 하고 있는 상태라는 걸 알고 나니, 재미있더군요. 아담의 범죄 이후, 뇌가 균형을 잃었다는 거지요. 나는 더욱 '전전두피질'을 강화해야 할 사람이었어요. 그리고 완전하게 균형 잡힌 주님의 뇌를 닮아야 할 사람이었지요. 결론은 신앙과 과학의 답이 같다는 걸 알고 기뻤어요. 말씀과 기도 외에 더 좋은 방법은 없다. 하루에 15분 정도만 말씀을 묵상해도 뇌는 바뀐다!

이렇게 '영적 사고방식'의 사람으로 나를 변화시키기 위한 일에, 나는 전혀 게으르지 않았습니다. '생각'과 '마음'에 관한 모든 하나님의 말씀을 뽑아놓고 늘 묵상하며, 그것이 뇌 과학과 어떤 관계가 있는지도 살펴보곤 했지요. 목적은 하나. 생각 바꾸기. 거룩한 습관 들이기.

날마다 위에 계신 그리스도를 바라봅니다. 지금은 결코 고삐 풀린 말처럼 마음이 제멋대로 달아나게 두진 않습니다. 내 마음은 늘 주님을 향하여 있으니까요. 자나 깨나. 앉으나 서나.

생각 3

그대,
하룻밤에 기와집 열두 채를
지었다 허물었다 하는
정처 없는 바람 같은 생각을 길들이려면

하늘 근원이 아닌 오만가지 생각은
천 길 낭떠러지 폭포 속으로 떨어지게 하고

가장 빛나는 생각 하나만 붙잡고
연어처럼 귀향하여야 하리
귀향하여야 하리

종말로 형제들아 이것들을 생각하라
무엇에든지 참되며
무엇에든지 경건하며
무엇에든지 옳으며
무엇에든지 사랑받을 만하며

그대,
급하고 사나운 물살 같은
생각의 흐름을 길들이려면

가장 빛나는 주님 가르침만 붙잡고
거센 물살 거슬러
연어처럼 귀향하여야 하리
하늘로 하늘로 차올라야 하리

† 그러므로 너희가 그리스도와 함께 다시 살리심을 받았으면 위의 것을 찾으라 거기는 그리스도께서 하나님 우편에 앉아 계시느니라 (골 3:1)

참 부단히도 노력했습니다. 위의 것을 찾기 위해서 말이지요. 그런데 미움, 원망, 불평, 시기, 다툼, 음행, 더러움, 정욕, 악한 욕망, 탐욕, 거짓말…. 이런 땅의 것들이 슬그머니 내 마음에 들어오면, 먼저 그 생각부터 바꿔야 했지요. 원리는 간단했어요. 그 순간에 바로 내 안에 계신 예수님 바라보기. 주님의 말씀 읊조리기. 실패하면 또다시 시작하기. 반복하기.

스승들은 많았지요. 기독교 2,000년사에 우리 신앙의 선배들이 다 그 길을 갔고, 그 문제를 어떻게 극복했는지, 저작으로 남겨둔 것들이 많았으니까요. 그러나 이 영역에서 가장 최초로 저의 시야를 열어 준 사람은 1600년대의 인물, 잔느 귀용 여사였지요. 예수 그리스도 깊이 체험하기(원제-기도의 방법). 이 책의 신선함 때문에 저는 몇 권 안 되는 그분의 책을 다 구해서 읽으며 노트했던 기억이 납니다. 귀용 여사에게 절실하게 배운 두 가지가 있다면, 내 안(마음)에 계신 그리스도와 그분께 집중하는 법이었습니다. 지금 이 시대 그리스도인이라면, 이 사실을 누가 모르겠습니까? 그러나 영적 지도자들의 눈마저 감겨 있던 그 시대엔, 이 진리 하나를 알아내는데, 온 시대가 진통을 겪더라고요. 그래서 더욱 제 마음에 귀하게 자리 잡았는지도 모릅니다.

말씀을 대하는 유일한 원리가 말씀으로 기도하는 것이다. (잔느 귀용)

성경은 통으로, 창세기부터 요한계시록까지 먼저 '구속사'라는 한 주제로 일관되게 읽어가도록 목사님께 지도받았지요. 제 소원은 성경의 모든 말씀으로 기도하는 것이었고, 그 모든 말씀을 순종하는 것이었지만, 언제나 필요에 의해 내가 더 많이 찾게 되는 구절은 늘 있게 마련이더라고요. 빌립보서 4:5-9절도 그중의 하나입니다.

언젠가는 어떤 사람이 정말 치사해서 꼴도 보기 싫을 때가 있었어요.

분하고 억울하고. 그때 제가 한 일이란 예쁜 그림과 그릇들을 집 안 곳곳, 눈이 가는 곳마다 전시해 놓고 바라보는 일이었지요. 물론 평화로운 음악도 집 안 가득 잔잔하게 틀어 놓고 말입니다. 그 접시가 아직도 찬장에 있는데, 지금은 살짝 웃음이 나와요. 지금은 그를 위해 축복하고 기도합니다.

달력의 그림이나 그림책의 아름다운 표지들의 도움도 많이 받았어요(예술을 일상으로 끌어 들여오고 싶었으나 나 가난하여). 그 아름다운 선, 형, 색의 조화로움을 보며, 나도 그렇게 균형 잡힌 사람이 되길 갈망했으니까요. 그러나 제 마음의 뿌리에 거름과 양분이 된 것은 두말할 필요 없이 그 책의 이야기였지요. 나무를 심은 사람들, 아낌없이 주는 나무, 프레드릭, 쪽빛을 찾아서, 강낭콩, 강아지똥….

이 책의 주인공들은 다 내 친구들이랍니다. 나는 책장에 그들의 얼굴(표지)을 전시해 놓고, 지금도 오가며 늘 인사 나누며 살아요. 언제나 나를 웃음 짓게 하는 친구들이지요. 성품도 신경 회로도, 이렇게 보는 대로 생각하는 대로 변화된다고 하니, 되도록 좋은 것, 옳은 것, 경건한 것, 아름다운 것만 바라보며 위의 것을 찾고 싶었던 거지요. 날마다 일용할 양식과 한 줄기 바람에도 감사하면서.

인간의 제일 되는 목적은 무엇입니까? 인간의 제일 되는 목적은 하나님을 영화롭게 하는 것과 영원토록 그를 즐거워하는 것입니다.
[웨스터민스터 신앙고백 소요리 문답 1번]

+ 항상 기뻐하라 쉬지 말고 기도하라 범사에 감사하라 이것이 그리스도 예수 안에서 너희를 향하신 하나님의 뜻이니라 (살전 5:16-18)

재판관

난 직업이 없습니다
직업란에 '주부'라고 체크하는 사람입니다
그러나 이제 알았습니다
내가 50년째 재판관이었다는 것을

아무도 그 자리에 앉혀 준 이 없는데
주제넘게 늘 거기 앉아
힘껏 망치를 내리쳤지요
땅. 땅. 땅.

여차하면 떠날 채비를 해놓고 사랑한다고?
넌 엄마가 아니야 뻐꾸기야! 뻐꾸기!
땅. 땅. 땅.

오늘도 망치를 내리쳤습니다
그러나 마지막입니다
더 이상 재판관이 아님을 선언하는

나는 이제 그 자리에서 내려와
주인에게로 망치를 넘깁니다
주님

✝ 비판을 받지 아니하려거든 비판하지 말라 너희가 비판하는 그 비판으로
너희가 비판을 받을 것이요 (마 7:1-2)

풍경

사람이 없는 풍경이 좋았다
그냥 산
그냥 바다

산빛에 취해
물빛에 취해
홀로 쏘다니다

사람을 만나면
가지도 못하고
오지도 못하고

휴, 사람이 없는 풍경이 좋았다
그냥 산
그냥 바다

한데, 사람만 있어도 좋다 지금은
사람 안의 풍경-
그걸 볼 수 있기 때문이다

그분 때문이다
내 마음의 풍경을 바꾼

예수

인간은 이리일까 양일까? 유명한 사람들은 이렇게 말했다.

맹자: 성선설, 순자: 성악설, 고자: 개선설(악도 바르게 고칠 수 있다)
데카르트: 인간의 선악의 본성은 타고 난다(생득적)
로크, 칸트, 에라스무스: 인간은 백지 상태로 태어난다.

파스칼: 인간은 천사와 악마를 오가는 이중적 존재다.
이광수: 인간은 천사나 성자이다.
졸라, 김동인: 인간은 추악한 동물이다.
히틀러: 유대인 600만 명 학살
스탈린: 4,500만 명 학살
마오쩌퉁: 6,300만 명 학살
일본 군국주의자들: 수백만 명 고문, 학살
문화대혁명의 홍위병들: 100만 명의 사생아를 낳게 했다.

그런가 하면 한량없이 따뜻한 사람들
슈바이처 박사, 테레사 수녀, 막시밀리안 신부,
콜베 신부, 손양원 목사, 장기려 박사…

| 이상욱. 명작 독서 명품 인생. 예영.
73-75쪽 요약정리. 2012년.

인간의 역사나 잔혹한 전쟁사- 마루타나 홀로코스트-를 알지 못했을 때도, 나는 어린 시절 외진 곳에서 사람을 만나면 본능적으로 무서웠다. 발이 떨어지지 않았다. 그런데 점점 성장하면서 부모와 형제들의 부족한 점이 보이기 시작했다. 선생님들과 친구들의 단점도 보이기 시작했다. 아 사람은 완전하지 않구나. 그런데 어른이 된 후 마음을 퍼준 연애에서도 실패했을 때, 나는 자연스럽게 사람보다는 자연으로 눈이 쏠리고 마음이 갔다.

주님을 만난 이후에도 그 마음은 계속되어 나는 찬송을 불러도 '자연 계시'를 노래한 것만 찾아 부를 정도였다. 그러니 내 안에서 이런 질문이 터져 나올 수밖에.

"주님, 저는 왜 사람보다 꽃이 더 아름다울까요? 왜 사람보다 하늘과 바람과 별과 시가 더 좋을까요? 주님의 형상대로 만든 유일한 작품은 '자연'이 아니라 '사람'이잖아요. 사람."

십 년이 흐르고 이십 년이 흐르고… 주님은 내 안에서 일하고 계셨다. 푸념 같은 내 질문을 정식 질문으로 받으시고, 신실하게 답을 준비하고 계셨다. 먼저는 주님 때문에 새롭게 된 많은 신실한 사람들을 책 속에서 만나게 해주셨다. 그리고 이윽고, 나의 이웃이 얼마나 소중하고 아름다운지도 알게 해주셨다. 사람이 꽃보다 아름다운 이유- 하나님의 형상으로 지음 받은 사실 하나만으로도, 이미 사람은 아름다웠고 충분히 아름다웠던 것이다. 그러나 만물보다 더 심히 부패한 것 또한 사람이 아니던가(렘 17:9). 죄와 죄의 영향력 때문이다. 병든 사람으로 가득한 병든 세상. 그 배후에는 악한 영의 역사가 있다는 것도 주님은 알게 해주셨다. 어느덧 나는 사람 때문에는 흔들리지 않는 사람이 돼가고 있었다.

주님 덕분이다.
말씀으로 나의 시각을 교정해 주시고,
내 마음의 풍경을 바꾸신 예수.

"우리가 사람과 사람이라는 놀라움을
강물에 입술 적시듯 노래하고 싶다.
이제 나는 아무나 보듬고 싶다
사람이라면 물불을 가리지 않고
사람이라면 남녀노소를 가리지 않고…."

|김준태, 아무나 보듬고 싶다

2

물들고 싶어

물들고 싶어

쑥을 만졌더니
쑥물이 들었어요

꽃을 만졌더니
꽃물이 들었네요

나 주님을 만지면
빨강으로 물들까요
순백으로 물들까요

손톱 밑이 아니라
마음 깊이

빨강이든
순백이든
나 물들고 싶어요

표범의 얼룩무늬 잠기도록
주님의 색으로
깊이깊이

† 구스인이 그의 피부를, 표범이 그의 반점을 변하게 할 수 있느냐 할 수 있을진대 악에 익숙한 너희도 선을 행할 수 있으리라 (렘 13:23)

악에 익숙한 너희도?

지금은 이 말을 이해한다. 그러나 고등학교를 졸업하기 전까지, 나의 인간관은 '성선설'에 가까웠다. 사람은 선하고 아름답다고 믿었다. 그러나 내가 원치 않은 사람을 만나고 인생이 삐걱거리기 시작했을 때… 세계가 혼란스러웠다. 학교에서 배운 지식은 무익했다. 내게는 새로운 지식이 필요했다. 새로운 인간형이 필요했다. 인간이란 무엇이기에 왜 사랑에도 불순물이 섞여 있고, 왜 사랑도 자기의 유익이 먼저인가.

결국 나는 그 답을 내 안에서 찾아야 했다. 내가 바로 인간이기에. 많은 시간이 걸리고 시행착오가 있었지만, 내 속을 철저히 들여다보고 냉철하게 분석해 보지 않을 수 없었다. 맞다. 내 안에는 선이 없었다.

내 안에 있는 선이란 부스러기에 불과한 것. 하나님께서 타락한 이 세상을 존속시키기 위해 조금 남겨두신 하나님의 은총에 불과한 것. 아니라고 우겼더니, 하나님께서는 내 마음 깊은 곳에 가라앉아 있던 구정물을, 사정없이 휘휘 저어 버리시는 게 아닌가.

결국 표범이 그의 반점을 변하게 할 수 없듯, 내 안에는 선이 없다고 고백할 수밖에 없었다. 몇 가지 죄를 지어 내가 죄인이 된 게 아니고, 존재 자체가 죄인이어서 죄를 짓는다는 뼈아픈 사실의 인식. 그런데 예수님을 만나고 나니 변하고 싶었다. 어쨌든 그분이 원하는 사람으로 변하고 싶었다.

어느 해 봄날이다. 쑥을 다듬다 손가락에 쑥물이 드는 것을 보면서, 바로 뒤돌아서 시를 썼다. 나도 이렇게 주님의 색깔로 물들고 싶어요. 시를 쓰는 데는 채 몇 분도 걸리지 않았다. 그러나 다듬는 데는 수년이 걸렸다. 나의 변화 속도만큼이나 글의 완성도는 더뎠다. 고칠수록 이상해지는 글. 결국 처음대로 돌아왔다.

주님, 감사합니다.
'죄'를 죄라고 알게 해주시고,
주님 닮기 사모하는 마음 부어주셔서.

새와 한 약속

난 우리 동네 새들이
어디에 사는지 알아요

아침나절
한 나무 아래를 지나는데
수십 마리가 한꺼번에
그 속에서 쏟아져 나왔어요
혼인 잔치라도 하는 듯
기쁨에 찬 날개짓으로

나는 놀라 위를 올려다보았어요
잎사귀가 넓은 나무
그늘이 많은 나무였어요

아 정말이구나
울컥 눈물이 나오려고 했어요
그늘이 없어서 내게서 떠난 사람들…

쓸쓸히 걸어오는데
새 한 마리가 내 곁으로 날아왔어요

네게로 가고 싶어
네게서 쉬고 싶어

내가 말했어요
조금만 더 기다려줘
나도 내 땅을 찾았어
내가 심어져야 할 땅이 어딘지
내가 뿌리 내려야 할 땅이 어디인지

난 그 작은 새가
나의 변명을 받아 주길 바랐어요

그늘이 없는 건
내가 채 심어지지도 않은
나무이기 때문이라고
지금껏 나는 내 자리를 찾고 있었다고
오랫동안
아주 오랫동안

표로롱
새는 날아가고
나는 울었어요

† 천국은 마치 사람이 자기 밭에 갖다 심은 겨자씨 한 알 같으니 이는 모든 씨보다 작은 것이로되 자란 후에는 풀보다 커서 나무가 되매 공중의 새들이 와서 그 가지에 깃들이느니라 (마 13:31-32)

유리창

비 온 뒤
성큼 다가온 초록산이
내 가슴에도 숲을 이룬다

문득 유리창을 닦고 싶다
초록을 더 초록으로 보고 싶어

마음도 닦아 볼까
하나님을 더 하나님으로 보고 싶어

† 마음이 청결한 자는 복이 있나니 그들이 하나님을 볼 것임이요 (마 5:8)

그리움

내겐 그리워하는 것이 하나 있습니다
그리워서 눈물이 나고
그리워서 자다가도 문득 깨는 것

햇빛이 아닙니다
바람도 아닙니다
꽃도
별도

예수를 보는 것입니다
내 안에서
예수를 보는 것입니다
그대 안에서

우리의 이름,
천사도 흠모하는
'사람'이니

나는 내가 그리워서 웁니다
나는 내가 보고 싶어 웁니다

신부(新婦)

나는 당신을 아버지라 불렀습니다
그렇게 부르는 것이 좋았습니다
아버지. 아버지.

나는 당신을 주님이라 불렀습니다
당연한 일이었고 어렵지 않았습니다
'자유'를 선물한 당신은
나의 주인이었으니까요

그러나 생각해보니
이 호칭으론 한 번도 부른 적이 없습니다
나의 신랑이여

그걸 깨닫는 순간,
문제가 있음을 알았습니다
당신이 신랑이라면
난 신부…

편하지가 않습니다
어색합니다

호칭의 문제가 아니라 옷의 문제겠지요
거친 들에서 당신이 처음 데려온 날처럼
내가 불결한 옷을 입은
작은 소녀는 아니지만,
신부에게 요구되는 것은
온통 순결함 아니겠습니까?

빛의 속도로 짧은 순간에 당신은
그 사실을 오늘 밤 내게 비추더군요
오 나의 신랑이시여

소리 내지 않아요

소리 내지 않아요 바다는
제 가슴 속에 얼마나 큰 세계를 품었는지
산호와 물고기 떼
물풀과 바위 섬들…

소리 내지 않아요 골짜기는
제 가슴 속에 얼마나 많은 샘을 품었는지
새들이 깃들고
들나귀가 해갈하며
초록이 숨 쉬어도

소리 내지 않아요
산과
바다

＋ 보라 내가 택한 종 곧 내 마음에 기뻐하는바 내가 사랑하는 자로다

그는 다투지도 아니하며 들레지도 아니하리니 아무도 길에서

그 소리를 듣지 못하리라 (마 12:18-19)

새의 물

몽골의 초원은 다 마르고
모래바람만 불고 있었다

우리는 차를 타고 멀리 마을 우물로 가
두레박으로 물을 퍼 올렸다

우물 옆에는 용도를 알 수 없는
소 여물통 같은 게 있었다

물을 다 긷고 돌아서려는데
누군가 그 긴 양철통에 물을 채우기 시작했다
의아한 눈길로 쳐다보자
그가 말했다

   새들도 먹어야죠
   짐승도 먹고요

순간, 머릿속이 환해졌다
아
새의 물

그 어디에도 하늘에는 새 한 마리 뵈지 않는데
새의 물을 예비하는 사람도 있다니

메마른 광야 같은 내 마음이
깊은 우물이 되었다

몽골의 초원은 다 마르고
여기저기 짐승의 뼈들만 앙상하게 버려진 채
집 집마다 나무 울타리 사이로는
개들만 사납게 짖어대고 있는데

바위산의 노오란 이끼가
꽃인 양 아름다웠다

몽골리아, 바항차강을 다녀와서

나는 몽골에서 지평선을 처음 보았다. 내가 선 자리에서 천천히, 360도를 빙 돌아도 어느 방향에서나 지평선이 보였다. 그 사실이 신기하기만 했다.

생각해 보라. 섬에서 태어나 수평선만 보고 자란 내가 얼마나 가슴 설레었을지. 비전트립이었지만 여행이 주는 선물이었다. 이처럼 하나님께서 각 민족에게 주신 거주의 경계는 다양한 아름다움으로 충만했다.

물론 우리도 마을 사람들에게 선물을 드렸다. 부채춤도 추고, 발바닥 마사지도 해드리고, 집 집마다 화장실에 소독약도 뿌려주고, 무언극으로 예수님의 십자가 이야기도 전하고….

그리고 나는 우물가에서 인상적이었던 기억- '새의 물'을 기록으로 남겼다. 새들에게도 물을 주는 이가, 어찌 사람의 물을 예비하지 않으리.

✝ 예수께서 대답하여 이르시되 이 물을 마시는 자마다 다시 목마르려니와 내가 주는 물을 마시는 자는 영원히 목마르지 아니하리니 내가 주는 물은 그 속에서 영생하도록 솟아나는 샘물이 되리라 (요 4:13-14)

배부름

봄볕을 쬐고 있는 화분들을 보니
내 마음에도 햇살이 고인다
배가 부르다
울 아기 입으로
밥이 들어가는 것처럼

저 식당 할매의 마음도 그런 거겠지
혼자 자식들 멕여 살리는 영순네에게
최저 임금보다 늘 후히 얹어 주는 건
그녀가 웃으면
배부르니까

햇살에 을여심이 배부르듯
인심에 영순네가 배부르듯

아 봄이다
봄

† 주라 그리하면 너희에게줄 것이니 곧 후히 되어 누르고 흔들어 넘치도록 하여 너희에게 안겨 주리라 너희가 헤아리는 그 헤아림으로 너희도 헤아림을 도로 받을 것이니라 (눅 6:37-38)

이 말씀은 그리스도인이 된 후, 내 삶에서 가장 많이 경험한 말씀 중 하나다. 현재도 넘치도록 경험하는 중이다. 주라. 줄 것이다. 영적이든, 물질적이든 원리는 같았다. 내가 준 것은 지극히 미미한데, 하나님은 흔들어서 넘치도록 안겨 주셨다. 그것을 바라고 한 것도 아닌데, 자신의 공약이기에 신실하게 지키시는 것 같다. 물론 우리의 아버지시니 뭔들 주고 싶지 않으리.

며칠 전 내가 꿈꾸는 세상의 일부를 베란다에서 경험하였다. 한낮의 햇살을 한껏 받고 있는 꽃나무들을 바라보고 있노라니, 한없이 밀려오는 따스한 행복감. 배부름. 눈물이 날 지경이었다.

온전한 선물이 다 위로부터 빛들의 아버지께로부터 내려오나니(약 1:17)

날마다 그 하늘의 선물을 받고 사는 나도, 매일의 삶에서 작은 것이라도 흘려보내야 하지 않을까? 꽃게 한 상자를 선물로 받았다. 낚싯줄(그물?)이 그대로 몸뚱이에 감긴 채 냉동된 것이었다. 상자를 열어본 순간 얼마나 실하고 좋은지, 제일 먼저 든 생각은 이것을 누구와 나누지? 하는 것이었다.

떠오르는 사람이 있었다. 절반가량을 그 집으로 보냈다. 그냥 쪄 먹는 꽃게를 무척이나 좋아한다는 인사에 내 마음이 즐거워졌다. 나는 또 내게 꽃게를 보내온 그녀에게 무어라 감사의 말을 전해야 할까. 꽃게보다 나는 그녀의 마음에 이미 배가 부른데.

탄자니아에도 생명줄 헌금을 보냈다. 북한에도.

봄이다.

마음 6 - 성전

나를 성전 삼으신 주님,
제겐 에메랄드 한 조각도
수정 한 알도 없습니다
무엇으로 치장하고
무엇으로 꾸며야 할지

하오나 제 마음 드리오니
게달의 장막보다
솔로몬의 성전보다
아름답게 지어주십시오

거룩한 것이 선하고
선한 것이 아름다운 것이라 하니
아홉 가지 보석으로

장인이시여

유가의 미학에서는 선한 것이 아름다운 것이고, 아름다운 것이 곧 의로운 것이라고 하던가? 과연 인간이다. 일상의 삶 속에서도 이렇게 미를 추구하고, 미학을 정립하다니. 누구를 닮아서일까?

하나님의 미학은 온 우주 속에 새겨져 있다. 보기에 심히 좋다. 하늘을 보아도, 바다를 보아도 완벽하다. 그런데 하늘의 식양(式樣)을 보여 주며, 사람들에게 지으라고 한 성막(성전)을 보면, 외관이 문제가 아니다. 들어가는 출입문에서부터 지성소의 언약궤와 속죄소까지, 그 하나 하나 의미(상징)의 아름다움 때문에 입이 딱 벌어진다.

그렇다. 거룩한 것이 가장 아름다운 것이다.
아름다운 것이 가장 선하고, 의로운 것이다.

나를 성전 삼으신 주님, 제 마음을 드립니다. 성령의 아홉 가지 열매로 충만하게 하옵소서. 나는 당신의 성품을 상속받고 싶습니다. 당신의 이미지와 당신의 모양대로(창 1:26). 아멘.

+ 너희는 너희가 하나님의 성전인 것과 하나님의 성령이 너희 안에
계시는 것을 알지 못하느냐 (고전 3:16)

어렸을 때는 아버지께서 글감을 주셨습니다
저 '바다'를 보고 한 번 써 보겠니

오늘 아침 눈을 뜨기 전
누군가 시 제목 하나를 마음에 툭,
떨어트려 주었습니다

누구지
아버지 생각이 났습니다
그러다 아 하늘 아버지구나, 하는 생각이 들었습니다
한 번 써 보겠니 이 제목으로

그릇

금 꿰매기를 아시나요
기워 놓은 자국이 더 빛나는 그릇이죠
금으로 꿰매 놨으니까요
나랑 닮아서일까요
자꾸 눈이 가요
나도 제법 운치 있게 꿰매 놨거든요

상처 나고 금이 간 곳에
그림으로, 음악으로, 문학으로 옻칠을
그리고 그 위에 금가루를 뿌렸죠

그러나 오늘 아침, 당신은 말했어요
깨 버리렴
깨져 버려
내가 다시 빚으마
수선은 이제 그만
새로 태어나렴
내 안에서 아예 금그릇으로
쓰임새가 무엇이든 깨끗하면 되는 거야 (딤후 2:20-21)
간장 종지든 밥그릇이든 그릇이란

애야, 내가 귀히 보는 것은 그뿐이란다!

킨즈크로이(kintsukuroi) - 금 꿰매기

도자기의 손상된 부분을 결집력 강한 옻칠로 접합하여 금가루를 뿌려 수선하는 일본의 공예를 말한다. 그릇이 귀한 옛날 사람들의 지혜를 엿볼 수 있는데, 상처가 더 성숙한 인간을 만들 수 있다는 의지를 담고 있다고 한다.

여기까진 블로그 이웃, 제프 님에게서 퍼 왔어요. 몇 달 전 내 블로그에 공유한 적도 있는데, 그 뒤로도 이 녀석이 문득문득 떠오르곤 하더라고요. 새로운 아름다움에 애정을 느꼈나 봐요. 하지만 어느새 기독교적으로 재접근을 하고 있는 나를 발견했어요. 고쳐져야 할 게 아니라 죽어야 함을. 수선보다는 다시 태어나야 함을.

내가 그리스도와 함께 십자가에 못 박혔나니 이제는 내가 사는 것이 아니요 오직 내 안에 그리스도께서 사시는 것이라 이제 내가 육체 가운데 사는 것은 나를 사랑하사 나를 위하여 자기 자신을 버리신 하나님의 아들을 믿는 믿음 안에서 사는 것이라 (갈 2:20)

그렇습니다. 주님. 당신을 만난 이후에도 난 너무 오랫동안 자아(ego)에 빠져 살았습니다. 제가 왕이 되어 살았습니다. 그러나 이제 선포합니다. 나는 죽었습니다. 내 안에 사시는 분은 예수님이십니다. 수선은 인제 그만. 새 포도주는 새 부대에.

3

내가 검독수리보다

나은 것은

내가 검독수리보다 나은 것은

나보다 눈이 다섯 배나 좋은
알타이 대평원의 검독수리
멀리서도 먹이를 포착하고
바람처럼 날아와
정확히 낚아채 올리네

사람이 그보다 나은 것은 무엇일까
덜 마른 땔감을 피운
장작불 앞에 선 것처럼
오늘따라 시야가 부옇고 맵기만 한데

차라리 눈을 감을까
내가 검독수리보다 나은 것은
눈을 감고도 볼 수 있는
세계가 있는 것이니

아버지여, 뜻이 하늘에서 이루어진 것 같이
땅에서도 이루어지이다 아멘. 아멘.

† 우리는 보이는 것을 바라보는 것이 아니라
보이지 않는 것을 바라봅니다.
보이는 것은 잠깐이지만
보이지 않는 것은 영원하기 때문입니다.

(고후 4:18 쉬운)

　인간에게 원대한 비상의 날갯짓을 꿈꾸게 하는 검독수리- 녀석의 시력이 6.0이라고 하던가요? 1~2km 먼 거리에서도 먹이를 발견할 수 있고, 시속 150마일의 속력으로 급강하하여 내리꽂듯 먹잇감을 덮친다는데, 자기 몸무게의 2~3배까지도 발톱으로 들어 올릴 수 있다고 하네요. 그런데 이런 비상한 능력을 갖춘 그에게 붙여진 별명이 인상적이지 않나요?

　최상위의 포식자.

몇 년 전에 다큐멘터리를 보면서 메모해 두었던 것을 정리해 보았어요. 나는 모든 동물이 두려워 떠는 최상위의 포식자가 아니라, 까치를 위해 홍시 하나 남겨둘 줄 아는 '사람'이어서 좋아요. 시력은 안 좋아도 말이에요.

하지만 영의 눈, 믿음의 눈만은 6.0이면 좋겠어요. 세상은 서로 먼저 잡아먹으려고 으르렁대고 있지만, 우리 주님은 오천 명을 먹이셨잖아요. 또한 지금도 우리에게 일용할 양식은 물론 들짐승과 까마귀 새끼에게까지 먹을 것을 주고 계시잖아요(시 147:9). 그 긍휼과 사랑이 풍성하신 주님을 시야에서 놓치고 싶지 않아요. 어린양이 어디로 인도하든지, 저는 그의 뒤만 따라가고 싶으니까요(계 14:4).

찬서리 나무 끝을 나는 까치를 위해
홍시 하나 남겨둘 줄 아는 조선의 마음이여

|김남주. 옛 마을을 지나며. 정연복씨가 엮은 한국의 기독교 명시.
한울. 153쪽. 2000년.

마음 8 - 어떻게 알았을까요

어떻게 알았을까요 내 마음이
당신이 왕이심을

어떻게 알았을까요 내 마음이
당신이 주인이심을

네
알 턱이 없지요 혼자서는

당신이 알게 하셨습니다
내 아버지

언약의 탯줄로 이어진
당신과 나는
하나

네

알 턱이 없지요

혼자서는

+ 내가 여호와인 줄 아는 마음을 그들에게 주어서 그들이 전심으로 내게 돌아오게 하리니 그들은 내 백성이 되겠고 나는 그들의 하나님이 되리라 (렘 24:7)

소녀와 들꽃

전시회에서
꽃 그림을 감상하던 중
아주 오래전의 한 소녀가
꿈결처럼 아스라이 떠올랐네

그녀는 산길을 가다
두리번두리번
편편한 돌 하나를 주워 왔었지

그리고 그 위에 이렇게 적어
그 작은 들꽃 앞에 바치고는
가던 길을 총총 갔다네

솔로몬의 영화보다 아름다운 그대에게!

† 들의 백합화가 어떻게 자라는가 생각하여 보라 수고도 아니하고
길쌈도 아니하느니라 그러나 내가 너희에게 말하노니 솔로몬의 모든
영광으로도 입은 것이 이 꽃 하나만 같지 못하였느니라 (마 6:28-29)

저는 이 소녀가 좋습니다. 이때의 순수함이 좋습니다. 가던 걸음
멈추고 보랏빛 도라지꽃에게 믿음의 고백을 전한 그 용기도 좋습니다.
사랑하는 이에게 헌시를 바치듯, 마음을 모아 진지하게 바쳤으니까요.

꽃아, 넌 작지 않아. 너의 아름다움은 솔로몬의 궁궐보다
찬연하단다. 너를 지으시고 입히신 분이 하신 말씀을 전한다.

백향목

누군가 제 말을 잘못 알아듣고
두 번만 물어도 버럭 화가 납니다
그러나 생각해보니
전 당신이 한 말을 천 번도 더 못 알아들었더군요
아니 만 번도 더 될 것 같습니다
그런데도 여전히 말씀하시고
기다려주시는 주님

내가 자식을 낳아 길러보니
그런 당신의 마음 조금은 알 것 같습니다
가장 어려운 게 기다림이라는 것을
가장 어려운 게 오래 참음이라는 것을

한마디의 말씀으로
순간 빛이 있게 한 당신이온데,
어이해 한 그루의 나무를 키우는 데는
이토록 오래 기다리시는지요

고산의 냉기 속에서 자라는 백향목
300년을 자라야 목재로 쓰이고
400년을 자라야 열매를 맺는다지요

하온데 이 느리게 자라는 나무가
하나님의 집에 심어져 번성케 될 날을
천년을 하루같이
오늘도 기다리고 계시는 주님

저는 다만 엎드려 기도할 뿐입니다
이리도 애타게 기다려주시는 시간이
진노를 쌓는 시간 되지 않도록!

+ 혹 네가 하나님의 인자하심이 너를 인도하여 회개하게 하심을 알지 못하여
그의 인자하심과 용납하심과 길이 참으심이 풍성함을 멸시하느냐 (롬 2:4)

바다의 소리

가만 들어봐요
바람 소리, 파도 소리
물새 소리, 게들의 거품 소리
쉴 새 없이 오르내리는 강구의 발자국 소리

호미질을 해봐요 가만
물이 차오르기 전
젖은 모래밭이 주-욱 갈라지는 소리

그 길 어딘가쯤에서
사각, 하고 가슴을 긁는 소리
호미 끝에 걸린 꽃 조개
내가 파낸 바다의 소리
하지만 이내 바다로 다시 보내요
그러면 바다가 생명을 가슴에 받고
기뻐 화답하는 소리

퐁당

살아있는, 물기에 젖은 꽃 조개의 아름다움을 아시나요? 조개 파기(캐기)는 어릴 적 제 가슴을 뛰게 하는 놀이 중의 하나였답니다.

슬로시티 청산도

저는 그곳에서 열 살까지 살았는데, 그때 분명코 보았지요. 만물에 깃든 하나님의 능력과 신성(롬 1:18)을요. 하지만 하나님을 알지 못했던 난, 그것을 '자연의 신비'라고 불렀어요. 자연이 자연적으로 발생한 게 아닌데 말이지요.

열일곱에 전도를 받고 마음에 예수님을 영접하는 일은 그리 어렵지 않았어요. 그 자연의 신비와 아름다움을 만드신 창조주가 존재한다는 사실이 의심 없이 믿어졌기 때문이지요. 순간 내 머리는 명료해졌고, 가슴은 마구 뛰었어요. 내가 가장 좋아하는 구절이에요.

태초에 하나님이 천지를 창조하시니라(창 1:1)

그리고 그 이후, 해석 없이도 읽자마자 바로 이해된 성경 구절이 있다면, 바로 로마서 1장 18절에서 32절까지랍니다. 어린 시절 내 눈으로 똑똑히 본 현장이 그대로 다 거기에 씌어 있었으니까요.

그렇게 인간의 역사도 한 번에(?) 쓰윽 이해해 버렸는데요. 아, 범죄 이후 고대로부터 인간이란 다 이런 존재였고, 인간의 삶이란 결국 이러이러한 양태로 흘러왔구나!

+ 창세로부터 그의 보이지 아니하는 것들 곧 그의 영원하신 능력과 신성이 그가 만드신 만물에 분명히 보여 알려졌나니 그러므로 그들이 핑계하지 못할지니라 하나님을 알되 하나님을 영화롭게도 아니하며 감사하지도 아니하고 오히려 그 생각이 허망하여지며 미련한 마음이 어두워졌나니

스스로 지혜 있다 하나 어리석게 되어 썩어지지 아니하는 하나님의 영광을 썩어질 사람과 새와 짐승과 기어다니는 동물 모양의 우상으로 바꾸었느니라 그러므로 하나님께서 그들을 마음의 정욕대로 더러움에 내버려 두사 그들의 몸을 서로 욕되게 하셨으니(롬 1:20-24)

약속 1 - 가족사진을 보며

누군가에게
사진 속의 사람으로 남아
지갑 한 귀퉁이나
거실 한 편 낡은 액자 속에서라도
웃고 있을 수 있다면

나 이 지상을 떠나는 날
시인처럼 노래하리
아름다웠노라 -

그 여자의 집에서 한 생각이다
사진 속에 없는 사람을 발견하고

그는 어디로 갔을까
그녀에게 아들을 남긴 남자
그는 또 어디에서
누구와 사진을 찍고 있을까

묻지 않아도 들려오는
황량한 시간의 바람 소리에
눈이 시린 양

나는 눈만 깜박거리고 있었다

사진 한 장이
알타미라 동굴 속의 벽화보다
더 오래가기를 소망하진 않더라도

약속이란
아직도 밤바다에서 우리가 찾는
마지막 등대가 아니겠는가

† 그런즉 이제 둘이 아니요 한 몸이니 그러므로 하나님이
짝지어 주신 것을 사람이 나누지 못 할지니라 하시니 (마 19:6)

아버지의 마음

어린 독수리는 말하지 않습니다
왜 나를 절벽 밑으로 떨어뜨렸느냐고

아들은 말하지 않습니다
왜 나를 죽게 두었느냐고

이미 부활의 첫 열매가 되었기 때문입니다

나는 순간
죽는 순간

알게 되는 마음
아버지의 마음

✝ 내 하나님이여 내 하나님이여

어찌 나를 버리셨나이까 어찌 나를 멀리 하여 돕지 아니하시오며

내 신음 소리를 듣지 아니하시나이까 (시 22:1)

✝ 엘리 엘리 라마 사박다니 나의 하나님 나의 하나님

어찌하여 나를 버리셨나이까 (마 27:46)

발견되기를

인쇄술이 발명되어
나도 책을 읽게 되었으니
얼마나 감사하냐

그러나 허우적대기는 마찬가지
무지 속에서나
지식의 홍수 속에서나

나침반이 발명되어
나도 비행기를 타게 되었으니
얼마나 감사하냐

그러나 갈 바를 알지 못하기는 마찬가지
하늘에서나
땅에서나

화약이 발명되기 전이나 후나
마음 밑에서는 전쟁이 끊이지 아니하고
땅 밑에서는 불길이 끊이지 아니하니

휘몰아치는 폭풍우 속에서
키를 잡은 선장처럼
나도 기도의 방향을 바꿔보리

주여, 발명보다는
당신에게 발견되기를!

모든 것이 내게 달려있는 것처럼 행동하라
그러나 모든 것이 신에게 달려 있음을 믿으라
- 성 이그나티우스

누구의 탓일까

이웃집 할아버지가 텃밭에 농사를 지어
첫 완두콩 한 줌을 따다 주었다

손톱으로 껍질을 까니
고향의 내음 같은 풋내 속에
완두 일곱 나란히

초록 웃음 베물고
하나를 더 까보니
꽉 찬 일곱 보석

이번엔 둘
이번에 셋

한데, 그 옆에 자라다 만
아주 작은 알갱이 하나
뭣 때문인지 속이 빈 꼬투리도 있다

햇빛 탓?
너무 일찍 거둔 탓?

둘이든, 셋이든, 일곱이든
물오른 완두 빛은 곱기만 한데

자라다 만 아이가 종일 마음에 걸린다

† 이스라엘아 들으라 우리 하나님 여호와는 오직 유일한 여호와이시니 너는 마음을 다하고 뜻을 다하고 힘을 다하여 네 하나님 여호와를 사랑하라 오늘 내가 네게 명하는 이 말씀을 너는 마음에 새기고 네 자녀에게 부지런히 가르치며 집에 앉았을 때에든지 길을 갈 때에든지 누워 있을 때에든지 일어날 때에든지 이 말씀을 강론할 것이며 너는 또 그것을 네 손목에 매어 기호를 삼으며 네 미간에 붙여 표를 삼고 또 네 집 문설주와 바깥 문에 기록할지니라 (신 6:4-9)

누구의 탓일까요?
누구의, 누구의, 누구의….

유전자?
환경?
아니면 둘 다?

'교육'이라는 주제 하나만 놓고도 이론이 무성합니다. 정말 누구의 탓일까요? 완두콩 같은 아이들의 소식이 날마다 들려와 우리를 안타깝게 하더니, 요즘은 이상한 형태로 자라다만, 아이 같은 어른들의 소식에 그만 입을 다물 수가 없습니다.
다음 해 농사는 좋은 땅에 씨를 뿌려야겠습니다. 그늘진 곳은 없는지 잘 살펴야겠습니다. 너무 서둘러 따지도 않아야겠습니다.

그래도… 그래도 여물지 못한 빈 껍질은 나오겠지요?

주님께 기도로 올려드리렵니다.

나무의 독백

바람이었어
기어이 나를 넘어뜨린 건

하지만 넘어지고도 아주 넘어지지 않은 것은
덥석 나를 붙들어 준
손 때문이지

이러고도 살아 있고
내가 이러고도 솔가지를 피우는 것은
그래, 못 박힌 그분의 손 때문이야

많은 사람들이 나를 지나쳐
단풍나무 숲으로 숲으로 달려가지만
넌 단번에 걸음을 멈추고
내게로 와 멈춰 서더구나

맞아, 여전히 내가 이러고 사는 것은
너 때문이야

왜 이러고도 살아야 하느냐고

눈빛 가득 묻는
네게
아들이 대신 보낸
간절한 메시지

푸른
목숨

✝ 내가 네 곁으로 지나갈 때에
네가 피투성이가 되어 발짓하는 것을 보고
네게 이르기를 너는 피투성이라도 살아 있으라
다시 이르기를 너는 피투성이라도 살아 있으라 하고 (겔 16:6)

딱 일주일 되었네요. 가을을 보내기 아쉬워 친구 따라 화담숲에 갔어요. 비가 오락가락하는 날이었는데 나도 프레데릭처럼 겨울이 오기 전에 햇살과, 색깔과, 이야기들을 모으러 밖으로 나갔지요. 단풍도 보고 싶었고 자작나무도 보고 싶었어요. 그런데 땅바닥에 거의 일자로 쓰러진 채, 목숨을 부지하고 있는 이 녀석을 만났지 뭐예요.

단풍은 아름다웠고 하늘을 향해 곧게 뻗어나간 어린 자작나무들의 꿈도 싱그러웠지만, 나는 이 녀석의 존재 의의를 곰곰이 생각해보지 않을 수 없었어요. 그러다 이 녀석의 독백을 몰래 엿들었지요. 푸. 른. 목. 숨.

그래요. 천하를 얻고도 생명을 잃으면 무슨 소용이 있겠어요? 주님은 그 고귀한 생명, 십자가에서 우리에게 이미 주셨고, 오늘도 그 누군가에게 또 주시기 위해, 지금도 이 숲에서 일하고 계시는 걸 똑똑히 보았습니다.

너는 피투성이라도 살라 (겔 16:6)

아버지가 일하시니 나도 일한다 (요 5:17)

꿈 이야기

꿈을 꾸세요
빛나는 꿈을 꾸세요
당신은 거인이에요
당신에게 물을 주어
자아를 키우세요
그리고 특이한 사냥을 해요
정치, 경제, 사회, 문화, 스포츠와 오락의 나라에서
니므롯을 꿈꿔요

그러나 난 그만 일어날래요
꿈에서 깨 바벨에서 내려올래요

시날에 우뚝 선
자아 숭배의 계단을 내려와
하늘에서 내려준
사닥다리를 밟고 올라갈래요
한 발 한 발
주님의 궁전으로

이제 내 꿈은
하늘의 꿈을 꾸게 하신
그분을 만나는 것

서점에 가면 자기계발서가 참 많습니다. 그런 책들이 베스트셀러이기도 하고요. 한때 나도 많이 읽었지요. 그러나 성경의 가르침과는 대조적이라는 생각이 들었어요. 주님은 우리의 (옛)자아를 끝없이 계발시키라고 독려한 적이 없기 때문이지요. 되려 죽었다고 말했어요. 이제 내가 사는 것은 내 안에 그리스도께서 사시는 것이라고(갈 2:20). 그뿐 아니라 십자가에서 거듭난 자아라고 해도, 자기를 부인하라고 했잖아요(마 16:4). 날마다 죽는다고도 했고(고전 15:31), 몸을 쳐서 복종시키라고도 했어요(고전 9:27).

한데 그리스도인까지 바벨탑을 오르기 위해 자기 계발에 열을 낸다면, 우리 주님의 마음이 어떨까요? 그래서 난 그 자아 숭배의 신전을 내려왔답니다. 물론 하나님의 형상으로의 회복을 위한 자신의 인식능력 개발이나, 하나님의 문화명령을 이루기 위한 은사 계발과는 구별해서 생각해야겠지요. 이제 우리가 하는 모든 일은 다 하나님의 영광을 위함이지, 스스로 높임 받고 자신의 왕국을 세우려고 하는 것은 아니니까요.

결국 나는 여기에 매료되었습니다. 장자와 노자, 유교와 불교, 힌두교와 이슬람의 자아관을 공부한 뒤, 기독교의 독특한 자아관과 비교해보니, 십자가 복음의 진가가 더욱 빛을 발하더군요.

죽어야 삽니다.

주님은 우리의 옛 자아를 죽여주시고, 새 자아를 주시기 위해 이 세상에 오셨습니다. 자아의 진화론이 아니라, 자아의 창조론이랍니다.

† 그가 우리를 대신하여 자신을 주심은 모든 불법에서 우리를 속량하시고 우리를 깨끗하게 하사 선한 일을 열심히 하는 자기 백성이 되게 하려 하심이라

(딛 2:14)

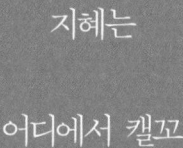

지혜는

어디에서 캘꼬

지혜는 어디에서 캘꼬

흙에서 철을 캐고
돌에서 동을 캐니
사람의 눈은 솔개보다 밝고
사자보다 용맹스럽구나
그들이 어찌 그 돌에 청옥과 사금이 있음을 알며
깊은 갱도에서 그것을 캐랴

그렇다면 사람이여,
지혜는 어디에서 캐며
명철은 어디에서 캘꼬

깊은 물도 내 속에는 없다 하고
바다도 나와 함께 있지 않다 하니
그대들은 어디에 있느뇨
지혜와 명철이여

*주를 경외함이 지혜요
악을 떠남이 명철이니라* (욥 28:28)

죽기 전 한 광부의 고백 –
땅속에서는 캐지 못하였고
말씀에서 캤노라

욥은 친구들에게 말합니다.

너희는 내게 재난을 주는 위로자들이구나(욥 16:2). 너희는 나를 훈계하고 있지만, 지혜자가 아니다. 참 지혜자는 하나님뿐이시다.

그러면서도 욥은 '지혜'를 말하기 위해, 먼저 인간의 위대함부터 노래하기 시작합니다. 인간은 솔개와 사자와 매보다 뛰어나다. 깜깜한 죽음의 땅속에서도 사파이어와 루비를 캐지 않느냐. 그렇다면 하나 묻겠다. 너 위대한 사람이여, 지혜도 캘 수 있느냐? 지혜야말로 그 어느 보석보다 값진데.

땅이 대답하고 바다가 대답합니다.
내 속에는 없다. 내게서 찾을 생각 하지 마라.

멸망과 사망도 손사래를 칩니다.
나도 소문만 들었을 뿐이다.

이처럼 욥기 28장을 읽으면 정신이 번쩍 듭니다. 아브라함(B.C. 2166-1991?)이 메소포타미아 남부, 우르에서 가나안으로 이동하여 살고 있을 때, 욥(B.C. 2000?)은 아라비아 북부 우스 땅에서(현, 페트라지역으로 추측) 사는 대재벌이라는데, 족장 시대는 초기 청동기 시대입니다. 본문을 통해 광산과 광부들이 존재했다는 것을 알 수 있네요. 이렇듯 자연과 인간의 삶 속에서 펼쳐지는 비유라 이해하기 쉽고, 생생하게 다가옵니다. 논리 전개도 탁월하여 무슨 말인지 머리에 쏙 들어오고요. 그래서 시로 만들어 보았습니다. 내가 한 일이란, 고작 욥이 한 말을 쉽게 배열한 것뿐이지만.

<u>ㅎㅎㅎ 그래도 좋습니다.</u>

† 그런 다음에 하나님은 사람에게 말씀하셨다. 주님을 경외하는 것이 지혜요,
   악을 멀리하는 것이 슬기다. (욥 28:28, 새번역)

† **여호와를 경외하는 것이 지혜의 근본이요
거룩하신 자를 아는 것이 명철이니라** (잠 9:10)

지휘자

하늘은 하늘대로
바다는 바다대로
해는 해대로
달은 달대로
새는 새대로
물고기는 물고기대로

너는 너대로
나는 나대로
첼로는 첼로대로
트럼펫은 트럼펫대로

앗
심벌즈도 빼 놀 수 없어
오케스트라가 뭔지를 안다면

너의 시간에 너의 소리만 내
그의 눈을 봐
그의 손을 봐
그리고 들어
다른 사람의 소리도 들어
너의 소리와 합쳐지는
그 모든 소리

오케스트라야
우주는 거대한 오케스트라
지휘자는 그분
토스카니니는 몰라도
너 알겠지?
그 지휘자의 이름

여호와야 여호와
우주의 지휘자, 여호와

제우스와 여호와

내 아들아, 어찌하여 음녀를 연모하며
이방 계집의 가슴을 안겠느냐(잠 5:20)

아버지, 제우스는 30명의 여자를(여신 포함)
품에 안던데요
황소로 둔갑술까지 부려가며, 부인 몰래요

하나님은 오직 유일한 여호와시며(신 6:4)
내가 거룩하니 너희도 거룩하라 하셨다(레11:44)

아버지, 제우스는 자기 아버지도 죽이고,
자식도 잡아먹고, 끝없이 바람을 피우면서도
부끄러움이 없던데요

하나님이 마음에 새겨놓은 글자를
지워버려서 그렇다
그래서 하나님의 아들이 이 땅에 오셨지

그 왕은 백성의 죄를 속량해주시려고
십자가에서 죽고 부활하셨단다
선한 일에 열심인 새 백성을 만들기 위해서지

에이 그런 신이 어디 있어요?
신이 인간을 위해 자기 목숨을 바쳐요?
수메르, 애굽, 앗수르, 바벨론, 페르시아, 헬라, 로마…
그 어디에도 그런 신은 없던데요

맞다 아들아,
하나님은 사랑이시란다 (요일 4:8)
확실한 도덕의 기준점을 가진
거룩한

신학교 때 이런 숙제를 받은 적이 있다. 헬레니즘과 헤브라이즘에 대해 써오시오. 어떻게 리포트를 써냈는지 기억이 없다. 분명한 것은 그어느 것 하나 제대로 알지 못하면서 숙제를 제출했다는 것이다. 많은 시간이 흐른 뒤, 성경을 읽고 읽으니 답이 보였다. 성경을 읽고, 그리스 로마신화를 읽으니 답이 보였다. 성경을 읽고, 제국의 역사를 읽으니 답이 보였다. 로마서에 기록된 유대인의 나음이 무엇인지가 확실히 보였다.

범사에 많으니 우선은 그들이 하나님의 말씀을 맡았음이라(롬 3:2)

감사하다. 유대 민족에게 말씀을 계시하신 하나님과 어떻게든 그 말씀을 잘 맡아 우리에게 전달해 준 유대인들. 그 말씀이 아니었다면 유일하신 하나님을 어떻게 알 수 있으며, 형상을 가진 모든 신들이 우상이라는 것을 우리가 어떻게 알 수 있으랴.

신화는 상징으로 읽어야 한다고 한다. 맞다. 그 이야기들 속에는 수많은 상징과 비유가 있다. 그리고 인간보다 더 인간적인 신들이 있다. 아니, 신들의 욕망이 있다. 그렇다고 단순한 상징으로 치부할 수도 없는 것이, 올림포스 열두 신들은 다 신전을 가지고 있었고, 신상을 가지고 있었으며, 섬기는 사람들이 있지 않았던가.

기독교의 핵심 교리가 도덕은 아니지만, 하나님은 도덕적인 신이다. 그분의 성품이 바르고 의롭기 때문이다. 나는 우리 아버지가 거룩하고 선하신 분이시기에 자부심을 느낀다. 궁극적으로 나도 아버지를 닮을 것이다.

…그에 반해 야훼는 윤리적 원리와 실천적 도덕에 최대의 중점을 두고 있으며, 십계 중 최소한 다섯 계율은 그러한 도덕에 관한 것이다

|미르치아 엘리아데. 세계종교사상사1. 이용주 역. 이학사. 278쪽. 2010년

음계와 십계

7음계를 쓰든
5음계를 쓰든
규칙이 있다는 것은 감사한 일이야

한 음을 뛰어오르든
그 절반을 뛰어오르든
자유가 '자유' 되게 가두는 은혜
그것으로 충분한 은혜

봐
몇 개의 음표와
몇 개의 음높이만 가지고도
수천 년 동안 서로 다른 음악이
넘실대며 춤을 추고 있잖아

계명이 있다는 건 감사한 일이야
자유가 '자유' 되지 않게 가두는 은혜
그것으로 충분한 은혜

그러니 울타리를 넘지 마
넘겨다 보지도 마

지평선과 수평선이 있는 것처럼
경계선이 있다는 것은
축복이니

그런 계명
네가 사랑하고 지킨다면
원수보다 지혜롭고
노인보다 명철케 될 것인즉

도레미파솔라시도
도시라솔파미레도

위로는 하나님을
아래로는 이웃을

╋ 내가 주의 증거들을 늘 읊조리므로
나의 명철함이 나의 모든 스승보다 나으며
주의 법도들을 지키므로 나의 명철함이
노인보다 나으니이다 (시 119:99-100)

    십계명은 나의 자유를 제한하고 구속하기 위해 주어진 족쇄가 아니었습니다. 오히려 나의 자유와 행복을 보장해주기 위한, 하나님의 장치였고 선물이었지요. 그 계명 앞에서 하나님을 경외하는 마음으로 순종을 선택한다면, 삶을 얻을 뿐 아니라 덤으로 지혜와 총명까지도 보장받을 수 있음을 저는 믿습니다. 하나님께서 약속하셨으니까요.

    자유를 내 소견에 옳은 대로 삶의 기회로 삼았던 젊은 날, 주님은 내게 이 교훈을 가르쳐주셨습니다. 먼저는 내가 생각하고 있는 '자유'와 하나님이 생각하는 '자유'가 다르다는 것부터 알게 해주셨지요.

    눈물로 배웠습니다.
    가슴을 치며 후회로 배웠습니다.

╋ 여호와여 내가 알거니와 주의 심판은 의로우시고
주께서 나를 괴롭게 하심은 성실하심 때문이니이다 (시 119:75)

사랑한다는 것은

나이를 먹는다는 것은
늙은 고목나무의 생채기와 같은 것이다
누군가 와서 한 번쯤 흔들어도 보고
도끼로도 찍어보고
그래서 많은 흠집을 가진.
사랑한다는 것은
이런 흠집까지를 사랑하는 것이다

마로니에 공원에서 그가 남긴 말이다
20년 후 내가 답한다

흠집까지 사랑한 분은… 한 분뿐이었네!

수업 1

투명한 작은 유리 어항엔
금붕어 두어 마리 노닐고

화분 속의 고구마가
무성하게 잎사귀를 키워내고 있는
교실 뒤쪽의 창가

아이의 눈은
구름 따라 하늘로 오르고
선생님은 열심히 칠판에 쓴다

우주의 역사 150억 년
최초의 인류…

그러나 그 시간에
선생님만 수업을 하고 있는 게 아니다
구름이 아이에게 말을 건다

너, 나를 만든 이 누군지 아니?
물을 빽빽한 구름옷에 싼 이 누군지 아니?

† 그는 북쪽을 허공에 펴시며 땅을 아무 것도 없는 곳에 매다시며
물을 빽빽한 구름에 싸시나 그 밑의 구름이 찢어지지 아니하느니라

(욥 26:7-8)

수업은 교실에서만 이루어지는 게 아니더군요. 교사만 수업을 하는 것도 아니고요. 살아보니 온 세상이 나를 가르치는 교실이고, 만물이 다 나의 교사였어요.

그래도 가장 중요한 수업은, 우주의 시작과 종말을 알려주는 수업 아닐까요? 그것을 말해주는 교사가 가장 혜안을 가진 교사 아닐까요?

주님에게서 배웠습니다. 처음이요, 마지막이신 분에게 배웠지요(사 44:6). 주께서 세우신 선지자와 사도에게 배웠습니다. 우주의 시작과 종말. 나의 시작과 종말.

† 내가 시초부터 종말을 알리며 아직 이루지 아니한 일을
옛적부터 보이고 이르기를 나의 뜻이 설 것이니
내가 나의 모든 기뻐하는 것을 이루리라 하였노라 (사 46:10)

빨래

빨래를 걷을 때면
어머니의 목소리가 들리는 건 왜일까

애야,
빨래는 꼭 해 넘어가기 전에 걷거라

햇살 가득한 옷가지 가슴에 안으면
어머니의 온기도 가득
그리움도 가득

저물어 가는 해를 바라보며
무릎 위에서 그리움을 갠다

은행잎이 노오란 가을

성경에 나오는 레갑 족속은 참 독특합니다(렘 35장). 모세의 장인 르우엘의 아들 호밥으로부터 시작되는데요. 이들은 조상의 유언을 따라 포도주와 독주를 금하고, 집도 짓지 않고, 평생 장막에서 삽니다. 현실의 유혹을 배제하고 하나님만 바라보고 살겠다는 다짐이겠지요.

하나님께서는 선지자를 통하여 이런 레갑 족속을 칭찬하십니다. 하나님의 말씀을 너무 안 듣는 이스라엘과 비교해 볼 때, 조상의 유언을 철저하게 지키는 레갑 족속이 얼마나 대견하냐는 것입니다. 그리고 그들을 축복합니다. 이방인이지만 하나님 앞에 설 사람이 끊어지지 않을 것이라고요(렘 35:19). 미국의 휘튼대 총장 필립 라이큰 목사는 레갑족속을 가리켜 <프로미스 키퍼, Promise Keeper>라고 했습니다. 반면에 유다 백성들은 <프로미스 브레이커, Promise Breaker>라고 했지요.

나도 생활 속에서 늘 어머니의 가르침이 떠오르곤 합니다. 빨래를 걷을 때도 그중 하나인데요. 햇살 가득한 옷가지를 걷는 날은 드뭅니다. 비가 오는데도 처량하게 베란다에 걸려 있기 일쑤지요.

이 시는 지난 가을, 모처럼 어머니의 말씀을 기억하고 따랐던 날 썼습니다. 이젠 건조기 때문에 이런 추억마저 가질 수도 없는 시대가 돼 버렸네요. 아쉽습니다.

엄니, 사랑합니다.

미안합니다.

거울

저 거울 좀 치우게나 내 얼굴 못 봐주것네,
느그 아부지 어리 말하더니만
나도 이제 거울 보기가 싫구나
차를 타고 어딜 가나
전엔 안 보이던 풍경만 보여
무덤

산수유가 흐드러지게 핀 어느 봄날,
울 엄니 그리 말하더니만
벌써 그 마음 알 것 같은
나이

자고 일어나 보니 눈 밑 지방이 풀려
거울 속 여자가 생경하다
데면데면 한참을 바라보다
잔뜩 치아를 드러내 웃어 보이며

친한 척 한발 다가가 보지만
난 알고 있다
이 거울 속 여자와 진짜로 친해지려면
조속히 거울을 바꿔야 한다는 사실을
말씀 거울이다

겉 사람은 후패 하나 속사람은 날로 새로워지는도다 *(고후 4:16).*

울 아부지

누군가 물었다.
다시 만날 수 없는 사람 중에
살려내고 싶은 사람은?

울 아부지.
긴히 드리고 싶은 말이 있기 때문이다.

아부지,
진리란 그 무엇이(What) 아니라,
그 누구(Who)였어요.
내가 만난 그리스도 예수!

빌라도가 이르되 진리가 무엇이냐?
"What is truth?" Pilate asked. 요 18:38
예수께서 이르시되 내가 곧 길이요 진리요 생명이다
Jesus answered "I am the way and the truth and the life." 요 14:6

아프칸의 소녀

온통 천으로 뒤덮인 넌 채찍을 맞고 있었다
늙은 너의 남편은 모질게도 너를 때렸다
동네 사람들이 다 보는 앞에서
힘껏
마흔 대나

속설에 마흔 대를 맞으면 죽는다고
한 대를 감하여 서른아홉을 때린다던데
너의 남편은 한 대도 감해주지 않았다
그것도 모자라 코를 자르고
너의 귀를 잘랐다

고호가 고갱과 다투고
귀를 잘랐다는 말은 들어봤어도
남편이 어린 아내의 귀를 잘랐다는 이야기는
보면서도 믿을 수 없었다
콧대 없이 동굴처럼 뚫린
너의 코를 보면서
세계의 여자들만 울었을까

아 코와 귀가 잘리고도 살아가는 소녀야,

너의 아버지도, 너의 남편도, 너의 제사장도
널 구해줄 수 없는데
무엇을 기다리며 사니

코와 귀가 잘리고도
코와 귀를 자른 사람과
그것을 바라만 보고 있던 사람들과
또다시 한 하늘 아래서 살아가야만 하는 너

그 하늘은 무슨 색이니?
무슨 생각을 하고 있니 넌 지금?
괜한 도망을 했다고?
후회한다고?

아냐 용기를 내
한 번만
한 번만 더

채찍이 무서워서가 아니라
이번엔
너의 영혼을 위해 오렴

예수에게로

혹 아들을 위해 목숨을 바친 아버지를 본 적 있니?
아내를 위해 목숨을 바친 남편을 본 적 있니?
백성을 위해 목숨을 바친 왕을 본 적 있니?

예수님은 그런 분이시란다
네가 찾고 있던 분이야
우리 모두 기다리는…

그에게로 오렴
소녀야
아 나의 소녀야

주님을 믿는 이유

천년을 산다 해도
당신 아니면 의롭지 않을
나

천만년이 지나도
의롭기만 할
당신

내가 당신을 믿는 이유
사모하는 이유

† 그는 변함도 없으시고 회전하는 그림자도 없으시니라 (약 1:17)

이런 주님이 우주의 주인이시라니, 얼마나 감사한지요. 이런 주님이 참 입법자요, 재판장이시라니(사 33:22. 약 4:12), 얼마나 감사한지요. 전 주님을 알기 전에는 '약육강식'과 '적자생존'이 당연히 이 세상의 원리인 줄 알았습니다. 그러니 이 세상이 얼마나 무서웠겠어요? 치열하게 경쟁하는 성격도 못되니 늘 도피하고 싶었고, 어디에 소망을 두고 살아야 할지 참 막막하더라고요.

하나님은 사랑이심이라
요일 4:8

주님, 당신이 처음 창조한 사랑의 순환 원리대로
세상이 작동되기를, 나는 오늘도 기도합니다.
하늘에서는 영광! 땅에서는 평화!

5

다시

볼 수 있을까

다시 볼 수 있을까

난 팥색이 젤로 이뻐
껍질에 어찌 이런 색이 물들 수 있는지
칠팔월엔 친정 가는 것보다
밭에 가는 게 낫지

팥을 까다
툭툭 혼잣말을 하시던 어머니
슬그머니 옛이야기 한 자락을 꺼내놓는다

논 가운데 우뚝 새집을 지었지
전쟁 후였는데 인민군이 며칠 살다 가겠다며
하필 우리 집으로 내려왔어

그런데 어느 날 한 청년이 아냐,
애티 나는 학생이었어
팥을 고르는 나를 보고 펑펑 우는 거야

울 오마니도 팥을 까 내게 팥밥을 해줄 땐 데
오 울 오마니 다시 볼 수 있을까

그 목소리가 아직도 생생해
내 나이 팔십이 넘고 육십 년이 지난 일인데
팥만 보면
이놈의 팥만 보면

딸아, 우리도 다시 볼 수 있을까?
네 어머니, 이 팥을 지으신 분이 계시잖아요!

어머니는 2015년 11월, 93세의 나이로 소천하셨다. 우리는 더 이상 소통할 수 없지만, 그는 지금 첫째 부활(영혼의 부활)에 참여하여 하나님의 나라에서 인격적인 활동을 하고 계실 것을 믿는다. 또한 주님의 통치에도 참여하고 계실 것이다(계 20:4). 아브라함과 이삭과 야곱의 하나님은 산 자의 하나님이라고 하지 않았는가. 또한 주님이 재림하실 때는 살아있는 우리보다 먼저 일어날 것을 믿는다.

죽음은 영원한 삶으로 가는 문일 뿐이다.

+ 죽은 자가 살아난다는 것을 말할진대 너희가 모세의 책 중 가시나무 떨기에 관한 글에 하나님께서 모세에게 이르시되 나는 아브라함의 하나님이요 이삭의 하나님이요 야곱의 하나님이로라 하신 말씀을 읽어보지 못하였느냐 하나님은 죽은 자의 하나님이 아니요 산 자의 하나님이시라 너희가 크게 오해하였도다 하시니라 (막 12:26-27)

+ 주님께서 호령과 천사장의 소리와 하나님의 나팔 소리와 함께 친히 하늘로부터 내려오실 것이니 그리스도 안에서 죽은 사람들이 먼저 일어나고 그 다음에 살아 남아 있는 우리가 그들과 함께 구름 속으로 이끌려 올라가서 공중에서 주님을 영접할 것입니다. 이리하여 우리가 항상 주님과 함께 있을 것입니다. 그러므로 여러분은 이런 말로 서로 위로하십시오. (살전 4:16-18)

어머니의 첫사랑

그 남자와 한 일주일 살았을까
대동아 전쟁 때 징용 갔다가 돌아오지 않았어
우리 마을서 세 명 갔는데
그 사람만 돌아오지 않았지

태평양 어느 섬으로 떠나기 전
면회 한번 오라고 해 목포에서 기차를 탔어
난 그때 기차를 첨 봤지

옆 사람에게 물었어
아제, 저 집은 뭔 집이라요
기차라는 겁니다 우리가 타고 갈 거죠

만나서 두어 시간쯤 얘기했을까
그 사람이 말했어
살아서 못 만나면 우리 죽어서라도 만납시다

그러나 그 사람은 돌아오지 않았고
난 친정으로 돌아왔어
세 살배기 딸아이를 두고 혼자된
너희 아버지를 만났지

한 번도 사랑하지 않았어
그 사람과는 딴판이었으니까
언제든 그 사람이 돌아오면
그에게로 가리라 생각하며 살았지
아, 한 달만이라도 같이 살아봤음 원이 없었을 텐데…

참, 예수를 안 믿으면 천국엔 못 가는 것이냐?

난데없는 질문에 나는 허둥거리고
어머니는 더 이상 말이 없었다

† 너희 가운데서 하늘로 올리우신 이 예수는
하늘로 가심을 본 그대로 오시리라 (행 1:11, 개역한글)

어머니께서 돌아가시기 하루 전날이었다.
우리는 어머니의 첫사랑- 그 남자의 이름을 알았다.

김덕영

약간의 치매와 섬망증을 가진 93세의 노인이, 아직도 그를 기억하며
나지막이 그의 이름을 불렀다.

김덕영이….

아프게.
한스럽게.

그러나 어머니는 이해할 수 없는 하나님의 섭리를 다 그분께 맡기고,
자신의 영혼을 하나님께 의탁하는 기도를 명료하게 드린 후
다음 날 아침, 질곡의 한 세기를 마감하고 소망 중에 세상을 뜨셨다.

두 여자 – 마지막 말

어머니께서 돌아가시기 전 그렇게 말했다면서요?
이놈의 세상, 뒤도 안 돌아보고 갈랍니다

그 말 전해 듣고 얼마나 울었는지 몰라요
전… 제가 직접 그 말을 했거든요
엄마, 뒤돌아보지 말고 빨리 가!

막내딸인 저의 이 말을 듣자
어머닌 한동안 물끄러미 쳐다보는가 싶더니
이내 눈을 감으시더라고요
그게 끝이었어요

그녀는 다시 눈물을 훔쳤다
나는 흐르는 눈물을 닦지 않았다
뒤돌아봐도 뒤돌아보지 않아도
아 슬픈 사람들…

어머니의 마지막 말이 한 번 더
가슴을 쳤다

언능잔 천국으로 불러주시오
이놈의 시상, 뒤도 안 돌아보고 갈랍니다!

† 또 여자에게 이르시되… 너는 남편을 원하고 남편은 너를 다스릴 것이니라…
땅은 너로 말미암아 저주를 받고 너는 네 평생에 수고하여야 그 소산을
먹으리라 땅이 네게 가시덤불과 엉겅퀴를 낼 것이라… 네가 흙으로 돌아갈
때까지 얼굴에 땀을 흘려야 먹을 것을 먹으리니 네가 그것에서 취함을
입었음이라 너는 흙이니 흙으로 돌아갈 것이니라 하시니라 (창 3:16-19)

뒤돌아보다 소금기둥이 된 여인의 이야기도 있건만, 93년을 살아온 이 세상을, 뒤도 한 번 안 돌아보고 미련 없이 떠나고 싶다고 손을 내젓는 어머니. 그녀의 삶이 어땠을지 말해 무엇하랴. 외적 요인도 내적 요인도 녹록지 않은 삶임에 분명하다. 이렇듯 하늘 소망이 없다면 우리네 인생 얼마나 서글플까. 아니, 얼마나 원통할까. 내가 원하지 않았던 전쟁과 죽음과 이별과 가난과 질병과 고통…. 그보다 우리네 인생이 어디서 와서 어디로 가는지도 모른 채 이렇게 생을 마감해야 한다면, 이보다 더 큰 비극은 또 어디 있을까.

어머니 기일 5주년에 쓰다만 시를 손질한다. 어머니를 추억하며 형제들과 나누기 위해서다. 그래도 어머니의 마지막 모습이 그토록 좋아하던 꽃(관) 속에 누워 꽃길로 떠나셨다는 위로….

언젠가 나는 어머니께 이런 질문을 한 적이 있다.

"스트레스를 많이 받으면 암에 걸린다는데… 엄마를 보면 그것도 아닌 것 같아. 이 나이 되도록 큰 병 없이 이렇게 건강한 비결은 뭘까?"

"난 아무리 힘든 일이 있어도, 꽃만 들여다보면 모든 걸 다 잊어버린다. 그 즉시로. 세상에 이렇게 아름다운 것이 또 어디 있겠냐?"

누군들 꽃을 좋아하지 않을까만, 어머니께서 꽃을 좋아하는 품새는 확실히 다른 구석이 있었다. 그녀에게 꽃은 아름다움의 대명사요, 치료

제요, 슬픔과 고통 앞에서 실제로 얻어 누리는 위안과 소망이었다. 믿음을 갖기 전엔 이렇게 말씀하셨을 정도니 말이다.

"난 죽으면 꽃이 되련다."

어머니, 그곳은 사시사철 꽃이지요? 시들거나 지는 꽃은 없지요? 엄니 좋아하던 제라늄도 색색으로 피었지요? 우리, 그 나라에서 꼭 다시 만나요. 막내도 데려갈게요. 안녕.

2020. 11. 14.

세상에는 없는 일

느그 아부지 배 지을 때
쌀 한 가마니 갖다 묵고 열두 가마니 갚었재

일본말로 이찌하리 복리*라고 새끼를 쳐서
근데 끄터리 갚을 적엔 한 가마닐 감해 주드만
얼매나 고맙든지 지금도 못 잊겄어

엄니, 그럼 아예 전부를 감해줘 부렀음 어떡할 뻔 했소?
아따 그런 일은 없제 시상에 그런 일이 어딨어

있다면 어쩔 거요?
아따 그런 일은 없당께

아따메 있당께 그분이 바로 우리 예수님이랑께!
엄니 죄를 몽땅 감해줘 부렀어!
십자가에 대신 달려
······

* 이찌하리 복리 : 어머니께 들은 대로 기억나는 대로
  적었지만 일본어 검색기에 넣어도 이런 말은 없다.

+ 다른 이로써는 구원을 받을 수 없나니
천하 사람 중에 구원을 받을 만한 다른 이름을
우리에게 주신 일이 없음이라 하였더라 (행 4:12)

어머니의 웃음소리가 들리는 것 같습니다.
공짜 복음을 도무지 이해할 수 없어 기가 막혀 하시던.

그러나 어머니의 마지막 생의 기쁨은 바로 그 예수님이셨습니다.
그 예수님께 당신의 자녀 여덟 명과, 그 자녀의 자녀들까지 한 사람, 한 사람 다 올려드리며 기도하는 것이 낙이었고, 생의 의미였으니까요.

나도 오늘 이 공짜 십자가 복음을 전하러 OO병원을 다녀왔습니다. 그러나 세상에 공짜가 어디 있겠어요? 공짜는 없습니다. 내 죄를 위해 하나님의 아들이 죽으셨잖아요. 하나님의 아들이!

뒷 가슴

내게는 등 뒤에도 가슴이 있다

켜켜 옷을 입고
시간의 화살표를 따라 앞만 보고 걸어도
언제나 뒤만 보고 있는
가슴이 있다

내게는 등 뒤에도 가슴이 있다
손 흔들어 떠나보내지 못하는 이야기가 있다
물속으로 산속으로 흩어진 비명소리…
엔트로피 굴뚝 속의 재가 되기엔
너무나도 젊은 우리의 아들딸들…

그 재라도 한 줌 갖고 싶어 울부짖는
저 어미들의 통곡…

내게는 등 뒤에도 가슴이 있다
언제나 시린 가슴 하나 있다

† 또 내가 새 하늘과 새 땅을 보니… 보좌에서 큰 음성이 나서 이르되 보라 하나님의 장막이 사람들과 함께 있으매 하나님이 그들과 함께 계시리니 그들은 하나님의 백성이 되고 하나님은 친히 그들과 함께 계셔서 모든 눈물을 그 눈에서 닦아 주시니 다시는 사망이 없고 애통하는 것이나 곡하는 것이나 아픈 것이 다시 있지 아니하리니 처음 것들이 다 지나갔음이러라 보좌에 앉으신 이가 이르시되 보라 내가 만물을 새롭게 하노라 (계 21:1-5)

어느 날 남편이 말했어요.

"당신은 세월호 아이들에 관한 시를 써 본 적 있어?"

"……."

그러던 차에 6.25전사자들의 유골을 발굴하는 장면을 TV에서 얼핏 봤어요. 인간이란 무엇인가, 하는 생각을 다시금 하게 하더군요.

과학자들은 담담하게 말해요. 우주는 엔트로피 법칙에 의해 끊임없이 낡아지고 있고 먼 미래 시간이 끝나는 날, 모든 것이 먼지로 끝날 것이라고. 인간도 우주의 일부일 뿐이라고.
하지만 저는 엔트로피 법칙으로 귀결될 우주의 종말은 신뢰하지 않아요. 왜냐하면 엔트로피 법칙을 이길 수 있는 영원한 생명이 내 안에 계시기 때문이지요.
또한 전 믿습니다. 눈물이 없는 곳. 죽음이 없는 곳. 햇빛이 없어도 하나님의 영광의 빛으로 영원히 살 수 있는, 그런 곳이 예비 되어 있다는 것을요.

새 에덴이라고 부르지요.
새 하늘과 새 땅이라고도 불러요.

올해도 이 소망의 닻을 굳게 잡고, 아무리 뒷 가슴이 시려도, 앞만 보고 묵묵히 걸어가렵니다. 우리 함께 손을 잡고 걷지 않을래요?

가을꽃

나도 봄에 피고 싶었어
언 땅을 뚫고 올라오는 새순이고 싶었어
노랑이든 빨강이든
확
한 색깔로 피어나는 봄꽃이고 싶었어

그러나 나는 지금 피었지
사랑하는 동무들은 다 떠나고
시린 가슴은 보랏빛으로
추억은 더 연한 보랏빛으로 여위어가는
가을의 끝자락

그래도 작은 소녀야
네가 가던 길을 멈추고 서
물끄러미 나를 쳐다보고
또 쳐다보고 가니

나도 이 땅에 마지막 향기를 흩뿌리고
길 떠날 채비를 해야겠구나

오늘 밤 비가 내린대

✝ 하나님께서는 한 사람으로부터 세계 모든 인류를 만들어 땅 위에 살게
하셨습니다. 그리고 그들이 살 시대와 지역의 경계를 정해 주셨습니다.
이렇게 하신 것은 사람들이 하나님을 찾기를 바라시기 때문입니다.

(행 17:26-27, 쉬운)

어린 시절, 꽃은 제게 참 많은 것을 사유하게 했습니다. 꽃의 모양과 향기가 다 다를 뿐만 아니라, 왕궁에 피는 꽃에서부터 바닷가 벼랑 끝에 핀 꽃까지, 아주 다양했으니까요.

먹 감으러 갔다가 올라갈 수도 내려갈 수도 없는, 산 절벽에 핀 점박이 주홍빛 산나리꽃을 보고 온 날이면 밤새 뒤척였습니다. 그 녀석이 얼마나 외롭고 무서울까 계속 눈에 밟혔기 때문이지요.

느지막이 시를 쓰기 시작하면서 '가을에 피는 꽃'에 대한 글을 한 편 쓰고 싶었습니다. 나도 봄에 피고 싶었지만, 꿈이 꺾인 혹독한 좌절을 경험한 사람 중의 한 사람이니까요. 하지만 인생의 전반부에 꽃을 피우는 사람도 있고, 후반부에 열매를 맺는 사람도 있지 않을까요?

열매란⋯ 주어진 자기의 삶을 성실하게 살아온 모든 사람들에게 주님이 맺히게 하는 은혜의 열매를 말합니다.

나이를 먹는다는 것- 점점 자연에 순응하고, 창조주의 질서에 순응하는 법을 배워가는 시간이라는 생각이 듭니다. 언제 어디서 어떤 모양으로 피어나든, 선하시고 완전하신 하나님을 신뢰합니다. 토기장이 되신 주님을 신뢰합니다.

올해도 마지막 한 주를 남겨 놓고 있는 시간. 나도 이 깊은 시간 속으로 저벅저벅 걸어 들어가 볼까 합니다. 국가적으로, 개인적으로 참 다사다난했지만, 그래도 뒤돌아보며 살짝 웃어주고 싶습니다.

애썼다.
사느라.
사랑하느라.
옳은 것을 위해 싸우느라.

모두 모두 행복하세요.

포기

코끼리야 코끼리야
넌 어떻게 알았니
지금이 포기해야 할 때라는 것을

죽어 패대기쳐진 새끼 주변 맴돌며
긴 코로 그 몸통 세워보려
종일토록 애쓰더니

코끼리야 코끼리야
넌 어떻게 알았니
지금이 포기해야 할 때라는 것을

떨어지지 않는 걸음 무겁게 끌고
느릿느릿 강으로 돌아가
눈물 씻고 몸 씻고
남은 가족 이끌고 다시 길 떠나는
너의 지혜

코끼리야 코끼리야
메콩강의 야생 코끼리야
넌 어떻게 알았니

지금이 포기해야 할 시간이라는 것을
더 이상 머뭇거려선 안 된다는 것을

며칠 전 나는 이 시를 읽으며 오열했다. 자신이 쓴 시를 꺼내 읽고 통곡하다니 잘 써서일까? 아니다. '포기'라는 단어 자체만으로도 나의 심장을 건드리기에 충분했기 때문이다. 아 번복할 수 없는 '상실'을 함축한 단어.

수년 전 다큐멘터리를 보고 쓴 글인데, 이때 내가 기록해 두고 싶었던 건, 코끼리의 본성 속에 세팅해 놓으신 하나님의 지혜였다. 이런 동물에게까지 가족에 대한 사랑의 감정을 이리 진하게 심어 놨으니, 어찌 코끼리의 그 애끓는 자식 사랑에 감탄하지 않을 수 있으리.

한데 코끼리는 왜 또 이런 생각을 한 것일까? 별안간. 왜? 어떻게?

아, 이제 떠나리라. 발길을 돌리리라. 죽은 자식을 포기하리라.
남은 가족만이라도 잘 돌보리라⋯.

나도 나의 의지를 보일 시간이 다가오고 있다. 남편이 의식 없이 병상에 누워 있은 지 60일째. 의료진과 의료 장비와 의약품이 그를 살리려 끊임없이 노력하고 있지만, 잠든 이는 깨어날 기미가 없다. 뇌에 발생한 림프종은 재발한 지 오래고.

지금 나에게 위안이 되는 생각은 두 가지다. 하나는 의식이 없으므로 육신이 서서히 무너져 가면서 발생 되는 이 모든 고통을 그가 더 이상 느끼지 못할 거라는 것이다. 말기 암 환자들이 견딜 수 없는 고통 때문에 마지막엔 '말기 진정'도 선택한다고 하지 않던가.

또 다른 위로는 고린도전서 15장이다. '부활'에 대한 소망이다. 죽음은 끝이 아니라 새 생명의 시작점이라는 것. 처음에는 영의 몸으로, 그리스도가 재림하실 때는 죽은 자의 육체가 일어나 그 영의 몸과 합하여진다는 사실. 그렇다. 부활체가 마침내 '포기'를 하게 한다. 이 땅의 집착을 내려놓게 한다. 더 좋은 하늘 안식을 바라보게 한다. 나 또한 그 나라를 사모하게 한다. 어떻게든 남편을 우리 곁에 두려는 사투가 아니라, 이제는 하나님의 주권 앞에 겸손히 무릎 꿇게 한다. 마음도

끓는다.

여보, 고마워. 내 남편이어서 고마웠어. 그동안 애 많이 썼어. 남편 노릇 하느라. 아빠 노릇 하느라. 목사님 노릇 하느라.

30년이 넘게 함께 살면서 때로는 밤이 새도록 이야기하고, 토론도 벌이고, 다양한 주제의 이야기들을 참 많이 많이 나누며 살았는데, 왜 충분하다는 생각이 들지 않을까? 아쉬움과 눈물뿐이네. 정말 이렇게 갑작스레 끝날 줄은 몰랐어 여보. 나 이제 누구하고 얘기하지?

그리고 더 잘해주지 못해서 미안해. 나는 내조보다 외조를 더 많이 받고 산 사람인데, 이제 와선 모든 게 후회가 돼. 떨어진 단추 꿰매달라고 할 때 제때제때 해줄걸. 입가에 묻혀가며 맛깔스럽게 먹던 갈치조림, 한 번이라도 더 해줄걸. 좋아하던 소고기 새알 미역국 끓여주고 남은 새알이 아직 냉동실에 있는데….

하지만 진짜 생명은 지금부터 시작이라고 하니까 우리, 그 나라에서 다시 만나자. 그때는 하늘에 속한 이의 형상을 닮아 우리에게 '부부'라는 이런 아련한 감정은 없겠지만… 알아볼 수 있겠지? 지상에서의 모든 추억 가지고 있겠지?

그래. 지금까지는 어떻게든 당신을 이 지상에 붙잡아 두려고만 애썼는데, 내가 갈게. 그 나라로. 우리 아버지의 나라로. 여보, 기다려. 그리고 허다한 증인의 한 사람이 되어 나를 내려다보며 응원해줘. 주님 뜻대로 잘 살다 오라고. 남은 소명이 있다면 잘 마치고 오라고.

여보, 사랑해. 내 남편이어서 정말 고마웠어. 배려심이 강하고, 싸움하기 싫어하고, 성실하고, 책임감이 강했던 당신… 당신은 참 좋은 사람이었어!

| 남편은 입원한 지 약 7개월 10일 만에 우리 곁을 떠나 하나님의 나라로 이사했다.

╋ 믿음의 선한 싸움을 싸우십시오. 영생을 얻으십시오. 하나님께서는 영생을 얻게 하시려고 그대를 부르셨고, 또 그대는 많은 증인들 앞에서 훌륭하게 신앙을 고백하였습니다. 나는 만물에게 생명을 주시는 하나님 앞과 본디오 빌라도에게 훌륭하게 증언하신 그리스도 예수 앞에서, 그대에게 명령합니다.

그대는 우리 주 예수 그리스도께서 나타나실 때까지 그 계명을 지켜서 흠도 없고, 책망 받을 것도 없는 사람이 되십시오.
정한 때가 오면, 하나님께서 주님의 나타나심을 보여주실 것입니다.
하나님은 찬양 받으실 분이시요, 오직 한 분이신 통치자이시요,
만왕의 왕이시요, 만주의 주이십니다. (딤전 6:12-15, 새번역)

이사

여보, 당신이 하늘로 이사 간 뒤
나도 이사를 했어요
살던 집 세 주고 작은 집으로 왔어요
당신이 떠나니
당장
삶의 방향과 풍경이 다 바뀌었어요

그래도 끝까지 포기할 수 없었던 건
연두고 초록이었어요
더 이상 산봉우리는 볼 수 없다 해도
내 유리창에 끝까지 남겨두고 싶었던 사치는
노랑 빨강 주황이었어요
개나리고 진달래였어요

그 값은 비쌌지만 감사해요
나는 그 속에서 날마다 하나님을 뵐 거니까요
그리고 살아있는 이 색깔들은
당신의 빈자리를 물들여 갈 거예요

그래도 당신과 함께 바라보던
그 익숙한 풍경이 그리워요
당신이 그리워요
눈물이 나도록

하여도 지상으로 올 수 없는 당신,
내가 하늘로 이사를 가는 날
우리 다시 만나겠지요

봄이 간다고 서러워마라
-어느 미술 칼럼니스트의 글을 읽고

한여름 밤의 꿈 같은 광풍에
몸을 몇 번 뒤척이고 나니
오라 벌써 갈바람이 불고 낙엽이 지는구나
사랑이 무엇이었던고
낙엽이었구나
바람이었구나
꽃 피는 봄이 오면
위로를 받으려나 기다리니
두보의 하소연에 가슴 저리고

꽃잎은 무엇이 급해 그리 흩날리는고
늙어감에 바라기는 봄이 더디 가는 것

정선의 그림은 더욱 애절하여 눈물이 나누나

꽃 아래서 취해
도포자락 휘날리며 산자락에 앉은 노인
꽃가지 몇 개 꺾어 놓고 낮술 마시며
혼자 노란 꽃 붉은 꽃 들여다보는 모습
꽃 피는 이 봄을 몇 번이나 더 볼는지

걱정마라 사람들아 영생이 있나니
가는 봄 못 잡아도 예수만 붙잡아라

영원한 꽃
봄봄 봄이니라

2010년 어느 봄날이었나 봅니다. 우연히 신문에서 정선의 '취주취화'에 대한 글을 한 편 읽고, 깊은 공감에 가슴 쓸어내리며, 나도 얼른 시 한 편을 써 내려갔습니다. 동생이 이렇게 평하는 시입니다.

"늘 하나님 타령이라 누나 글은 촌스러워."

그럼에도 불구하고 기죽지 않고 내 생긴 대로 쓴 시-
봄이 간다고 서러워 마라.
영생이 있다.
천국이 있다.

그러고 보니 나는 이 무렵부터 시를 쓰기 시작한 것 같습니다. 써 놓기만 하고 몇 년씩 들여다보지도 않는 시지만 말입니다.

나도 이제 시집을 내야겠습니다.
주님과 한 약속을 지켜야겠습니다.

열일곱 살 때로 기억합니다. 영어 시간에 선생님으로부터 전도를 받고, 교회를 나가기 시작했습니다. 그런데 그 소녀가 어느 날 버스에서 이런 기도를 하고 있지 뭐예요.

"하나님, 저는 더 이상 하늘과 바다와 섬들과 꽃과 새…, 뭐 이런 대상들을 바라보며, 어떻게든 좀 더 잘 묘사하기 위해 쓰고, 지우고, 또 쓰고… 애쓰지 않겠습니다. 이제부터는 사물이 아니라, 그 사물을 존재케 하신 당신을 노래하겠습니다."

주님, 받아 주실 거지요?
45년이 지나 맹희가 드리는 흠 없고 점 없는 제물입니다.
가난한 이가 드리는 산비둘기 한 쌍입니다(레 1:14).

+ 만일 여호와께 드리는 예물이 새의 번제이면
산비둘기나 집비둘기 새끼로 예물을 드릴 것이요 (레 1:14)

문득, 내 걸음을 멈추게 한 것

집으로 돌아오는 길에
깜짝 놀라 걸음을 멈췄다

연두다
나뭇가지 끝마다 올라온
새순의 빛, 연두

누가 키를 한 자나 더하게 할 수 있느냐고?
없다
아니 있다

그분이다
보이지 않지만 보이는 분

연두로
초록으로
노랑, 빨강, 온갖 빛깔로
만물에 옷을 입히시는 분

봄이면 봄마다
가을이면 가을마다

내게도 입히셨다
생명의 빛

십자가 나무를 물들인
핏빛

6

색색으로

등불 밝혀

색색으로 등불 밝혀
  - 야외 촬영 하던 날

따스한 햇살 구했더니
강한 마음 주셨어요
따스한 바람 원했더니
오래 견디는 마음 주셨어요
내가 이렇게 강한 사람이었나, 놀랐는데
은혜였어요 마음에 들려오는 소리-

날씨를 바꾸려 하지 말고
날씨를 살아내렴
저 단풍잎처럼
네 마음의 색깔을 바꿔 봐
노랑 빨강 주황으로
그의 이야기를 들어보겠니?

눈물이 날 만큼 춥고 긴 긴 밤이었어
이 악물고 참았는데
깨 보니 몸 색깔이 바뀌었네!

그래 우리도 그렇게 살아낼 거야

주신 소명 이루며

마지막까지 색색으로 등불 밝혀

저 단풍잎처럼

우리는 곱게 물든 단풍잎을 보면, 고울수록 감탄합니다. 그리고 그것을 구경하기 위해 돈을 내고 시간을 냅니다. 나는 언젠가부터 이 사실을 모티브로 글을 쓰고 싶었습니다.

알록달록 저 아름다운 단풍의 색은 혹독한 일교차에 의한 단풍잎의 신음이고 눈물이라고. 사노라면 우리라고 왜 이런 밤을 만나지 않겠냐고.

결혼을 앞둔 딸아이의 야외 촬영이 있던 날- 좋은 날씨를 위해 기도했건만, 내내 포근하고 따뜻한 날이었다가 웬걸, 그날이 되니 추웠습니다. 여름 원피스를 입고 4시간 정도 촬영하기엔.

하나님께선 왜 이런 날을 허락하셨을까요?
왜 기도에 응답하지 않으셨을까요?
인류를 위한 어마어마하게 중요한 기도는 아니었지만…
그런데 딸의 말에서 힌트를 얻었습니다.

    내가 이렇게 강한 사람인 줄 몰랐어요!

    바보야, 네 몸이 강한 게 아니라
    정신이 강한 거야!
    주님께선 네게 그런 축복 주신 거야!

    아하, 찰칵.

이것을 스냅사진처럼 기록으로 남겨 둬야지.
우리 아이들의 첫걸음.

주님, 감사합니다.

시래기 나물

푸르게 잘 말려 삶은 뒤 껍질을 벗겨
조물조물 슴슴하게 무쳤더니 맛이 있다

한데 개중 안 씹어지는 게 있으니
잘근잘근 씹으며 고민 중이다
뱉을까
삼킬까

딸아이의 얼굴이 스쳐 간다
삼켜, 꿀꺽

어릴 적 질긴 것을 잘 삼키지 못하는 아이에게
내가 시범을 보이며 한 말이다
그러면 아이는 고갯짓으로만 따라 했다
꿀꺽.
눈엔 눈물이 그렁한 채, 안 넘어가 엄마

그 생각이 떠오르니 웃음 반 눈물 반이 나온다
이내 나는 나뭇대 같은 시래기를 삼키기로 결정한다

얘야, 내일은 너의 첫 출근이구나
혹 목에 걸리는 일이 있더라도 말이지
죄 되는 일이 아니면 꿀꺽,
웬만한 건 삼키려무나
그것이 피가 되고 살이 되는 법
똥 누기도 편하고
인간은 잘 먹고 잘 싸면
큰 병은 없다더라

딸아이가 2월에 졸업을 하고, 3월 2일 첫 출근을 했습니다. 제가 하루 전 이 시를 써 카톡으로 날렸지요. 답장이 왔어요.

ㅎㅎㅎ 인생이란 본디 고(苦)이니….

정확히 들어오는 문장은 아니었지만 대략 내 방식대로 이해했습니다. 한 번도 공부해보라고 말해본 적이 없는 아이. 중학교 때로 기억합니다. 새벽 기도를 가려고 4시가 조금 넘어 일어났는데, 얼마나 깜짝 놀랐는지요. 그때까지 공부를 하고 있더라니까요. 시험 마지막 날이었는데, 마지막 날이기 때문에 날을 새도 괜찮다는 겁니다. 끝나고 와서 실컷 자면 된다고. 그렇게 하지 말라고 신신당부를 해도 그놈의 1등에 눈이 멀어. 이렇게 자기가 할 일 자기가 알아서 척척하던 아이도 1년짜리 인턴으로 사회 첫발을 내디뎠습니다. 현실이 보이네요. 청년들이 보입니다. 미래가…. 그런데도 아이는 말합니다.

엄마, 일이 참 재미있어! 선생님들이 너무 좋고 너무 잘해줘.
지금은 바쁘니 나중에 자세하게 얘기해 줄게. 안녕.

간장

항아리 속으로
하늘이 내려앉은 시간
검게 익어
깊어진 맛

내 손끝에서
바들,
떨고 있네

얼마큼 넣어야 할까
짜지도 싱겁지도 않게
딱,
간을 맞추려면

너와 나 사이에
나와 세상 사이에

어머니가 남긴
마지막 간장 한 병

† 여러분 쪽에서 할 수 있는 일이라면
모든 사람과 더불어 화평하게 지내십시오 (롬 12:18, 쉬운)

명절에 간장을 선물 받았어요. 5년산이라며 '보약'이라는 말을 곁들이더군요. 보약이에요. 보약.

갑자기 어머니의 장독대가 생각났어요. 고향을 떠난다는 것은 어머니가 아끼던 그 모든 것을 하나하나 내려놓고 오는 것이었는데….

그때는 그런 세심한 데까지 어머니의 심정을 헤아려주거나 위로해 주지 못했어요. 그런 철없는 자식들 때문에 어머니의 속은 간장처럼 더 검어졌을지도 몰라요. 우리 집 간장 맛은 어머니가 자부심을 가질 만큼, 마을에서도 손꼽히는 깊은 맛이었는데….

남은 생, 가족들과 사람들 사이에서 간이라도 잘 맞추며 살아야겠습니다. 간장을 담글 줄 모르는 난.

만종(晚鐘)

한순간의 시간을 정지시켜
우리에게 하늘의 시간을 일깨운 것은

당신의 뛰어난 붓끝이 아니라
당신의 경건한 마음입니다

하던 일을 멈추고 일어나
들판을 가로질러 들려오는
저녁 종소리에
나도 조용히 머리를 숙입니다

주님, 가을입니다

화가들은 어느 한순간을 정지시켜 작품을 탄생시킵니다. "(즐겁게 춤을 추다가) 그대로 멈춰라!" 어린 시절 부르던 노랫말을 실행시킨 것처럼요.

이 '만종'에 대한 여러 해석이 있지만, 저는 보이는 대로 생각했습니다. 밀레는 고된 노동을 마친 부부가 감사 기도로 하루를 마무리하는 모습을 담아냈습니다. 내게도 이렇게 한순간을 정지시킬 기회가 온다면, 전 이 순간 이사야 35장의 한 장면을 찰칵, 멈추게 하고 싶습니다. 주님이 통치하시는 공평과 정의의 나라, 평강의 왕을 고대하며.

사막에 샘이 넘쳐흐르리라. 사막에 꽃이 피어 향내 내리라. 주님이 다스리는 그 나라가 되면은 사막이 꽃동산 되리. 사자들이 어린양과 뛰놀고 어린이는 함께 뒹구는…

〈만종〉 장 프랑수아 밀레

열매

이 가을
당신의 곳간에 무엇을 들여놓으리이까
쌀과 보리, 콩과 씨알 옥수수, 고추와 참깨…

제 마음도 들여놓게 해 주십시오 주님
나뭇잎은 떨어져도
당신의 나무에 영원히 붙어 있을
가지 하나

다 영글진 않았지만
그 가지 끝에서 사랑과 오래 참음이
온유와 절제가
비바람에 몸을 떨며
떨며, 오늘도 여물어가고 있습니다

주님
당신의 곳간에 들여놓아 주십시오
제 마음도

뿌리가 말하다

나는 아래로만 내려가요
위는 본 적이 없어요
하늘도 구름도 밤하늘의 별들도

수천 가닥으로 찢기고 얽힌 채
흙을 비집고 돌부리를 헤쳐가며
물 냄새만 쫓아가요

그러다 가만 노랫소리를 들으며 쉬기도 하죠
천 길 땅속에서도
이파리들의 찰랑거림, 꽃들의 미소,
열매들의 탄성은 들리니까요

그들은 내가 길어 올린
한 방울의 물까지 빨아 당기기만 하지만
어머니의 젖가슴에도
찌릿찌릿
생명의 힘은 전달되는 법이니까요

이것이면 충분하지 않나요?
위와 아래는 하나이지 않나요?

위와 아래는 하나이지 않나요?

사실상 이 말을 쓰고 싶어 시를 썼습니다. 땅 위의 나무만 보는 것은 나무의 절반만 보는 것입니다. 나무의 절반은 '뿌리'라는 이름으로 땅속 세계에 있습니다. 한데 그는 갇힌 땅속에서도 불평하지 않고 자신의 소임을 다하고 있지 않습니까. 이렇게 뿌리가 뿌리의 역할을 다하듯, 어머니가 어머니의 역할을 다하듯, 나도 너도, 나라의 지도자들도, 주님이 세워주신 그 자리에서 모두 모두 자신의 역할을 다했으면 좋겠습니다. 그러면 꽃도 피고 풍성한 열매도 맺힐 테니까요.

그런데 '나무 수업'(페터 볼레벤. 독일의 숲 전문가)이라는 책을 읽고 제 생각이 얼마나 피상적인지를 알았습니다. 땅속 세계는 제가 생각하는 정도가 아니었습니다. 인간 사회의 축소판이었습니다. 나무도 결코 혼자 살아가는 세상이 아니었습니다. 위아래만 하나인 게 아니라, 뿌리와 뿌리가 연결되어 주변의 나무들과 얼마나 견고하게 구축되어 있던지. 같은 종이면 약자를 도와 먹여 살리기도 하고, 반대로 자신이 어려움에 빠졌을 때는 도움을 받기도 한답니다.

그리고 나무에게도 언어가 있고, 미각이 있고, 청각이 있다는 놀라운 사실을 들어본 적이 있나요? 그들도 계획을 세우고 번식하며, 근친상간을 막는다나? 놀라울 따름입니다. 또 한 번 하나님의 지혜에 탄복할 뿐입니다.

뿌리에 대한 시를 쓰고 난 후 고흐의 '꽃피는 아몬드 나무'를 보니, 그 위로 뿌리가 아름답게 겹쳐 보입니다. 이제는 보이는 세계만 보지 않아야겠습니다. 보이지 않는 (땅속) 세계에도 눈을 돌려야겠습니다.

〈꽃피는 아몬드 나무〉 빈센트 반 고흐

밤이 오면

오늘 우리를 품에 안아 뛰놀게 한
동산은 지금 무엇을 할까
이 밤에 무엇을 할까
한낮의 우리의 소리를 기억하며
어두운 밤을 견디고 있을까, 자고 있을까
아무도 없는 빈 숲에는 누가 있을까

오 숲속의 친구들?
그래서 무섭지 않다고?
고맙다 숲아
네가 오히려 날 걱정하는 줄은 몰랐어

친구야, 친구를 사귀렴
나처럼 밤에도 함께 하는 친구를 사귀렴
별도 뜨고
달도 뜨고
숲은 외롭지 않아, 무섭지 않아
친구야, 친구를 가지렴
너를 찾아오는 친구를 가지렴
반딧불이도 좋고
부엉이도 좋아
친구야, 친구를 부르렴

준비

바다로 나갈 어린 연어는 준비를 한단다
몸은 더 유선형으로
비늘은 더 은빛으로
아가미는 더 바닷물에 잘 견디도록

세상으로 나갈 나도 준비를 한단다
전신갑주로 갈아입고
사랑으로
사랑으로
십자가의 사랑으로

소자에겐 물 한 그릇
밭모퉁이엔 이삭 한 줌
금 사과 같은 말 한마디

그리고

보라 내가 너희를 보냄이 양을 이리 가운데 보냄과 같도다 그러므로 너희는 뱀같이 지혜롭고 비둘기 같이 순결하라 *(마 10:16)*

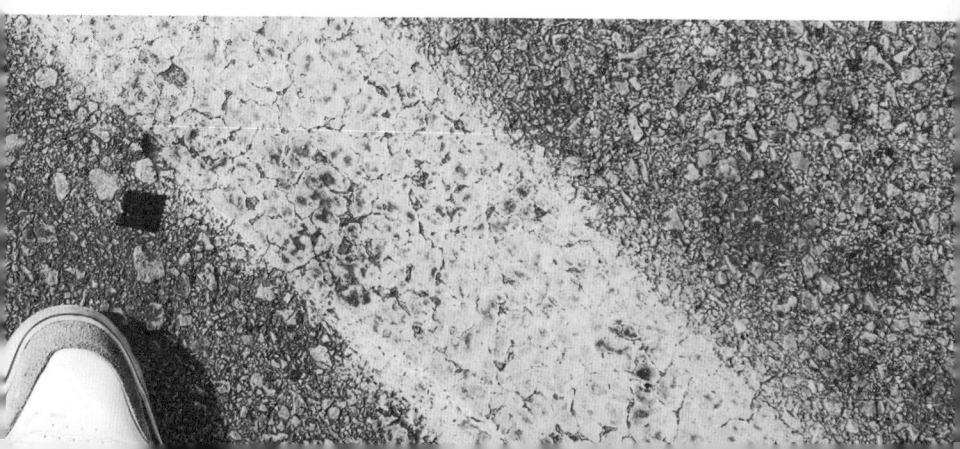

수레국화

이렇게 예쁜 꽃을
꽃밭 맨 가에 두지 말아요
너무 한쪽으로 치우쳐
보랏빛이 어두워 보이네요
흰 꽃들 사이에 두던지
노란 꽃 사이에 두던지
차라리 양귀비 옆에 둬도
무색하지 않을 것인데…
중심에서 너무 빗나갔어요
자리를 옮겨 주세요
스스로 밝지 못한 애들은
밝은 아이들 사이에 둬요
두런두런 이야기 소리만 들어도
찬란한 빛을 모을 테니까요
당신은 하나님의 꽃밭지기
부름받은 경작자니까요

꽃밭에 우산

모네의 '양귀비 들판'에
양산 든 여인은 본 적이 있다
그러나 꽃밭에 우산 다섯
뭐지

백일홍이 우산을 쓰고 있다
씨 뿌려 싹 틔운 모종
옮겨 심어 놓고
강한 햇살에 다칠세라
우산 하늘이 된
아비의 마음

유월아 기다려라
태양보다 더 붉게 피어 주마
하루 땀방울
백일 동안 웃음방울

〈양귀비 들판〉 클로드 모네

에필로그

> 여호와께서 그들 앞에서 가시며 낮에는 구름 기둥으로 그들의 길을 인도하시고 밤에는 불 기둥을 그들에게 비추사 낮이나 밤이나 진행하게 하시니 낮에는 구름 기둥, 밤에는 불 기둥이 백성 앞에서 떠나지 아니하니라 (출 13:21-22)

아파트도 20년이 넘으면 엘리베이터 전면 교체 공사를 해야 하나 봅니다. 그 핑계로 장례식이 끝난 후, 저는 언니와 함께 해남으로 내려갔습니다. 일명 '꽃님이네' 집이라 불립니다. 우리 자매들에게 공모를 받아 뽑힌 이름인데, '꽃이랑 님이랑'의 준말이지요. 이 집의 문패이기도 합니다.

이 집은 귀촌하여 형부랑 두 분이 사는 집입니다. 사돈 어르신이 젊은 날 돈 벌어서 직접 지은 70년이 넘은 추억의 집이라고 합니다. 마당이 넓어 꽃씨를 뿌리고 꽃밭을 가꾸며 삽니다. 그런데 이웃들이 웃는다네요. 텃밭 가꾸고 사는 사람들은 봤어도, 꽃밭 가꾸며 사는 사람들은 처음 본다고. 물론 고추도 몇 그루 있고, 상치, 가지, 오이, 부추도 있습니다. 뒤뜰에는 미나리, 머위도 한가득하고요. 가을무는 정말 달더라고요.

그런데 이 집에서 가장 화려한 건 양귀비가 아닐까 싶습니다. 오월이면 꽃양귀비가 마당 한가운데를 장식하는데, 장미가 양귀비에게 가려 전혀 빛을 발휘하지 못하더라고요. 양귀비가 그렇게 돋보이는 것은 녀석들이 군락을 이루었기 때문입니다. 나는 '군락'이라는 단어가 얼른 생각이 나지 않아 어머나, 단체로 피니까 이렇게 이쁘구나, 라고 말해 놓고 낄낄대며 웃었습니다. 청명한 하늘 아래 꽃밭에서의 웃음은 황홀합니다. 꽃의 종류가 약 50여 가지라고 합니다. 나는 이름 외우기 바쁩니다. 꽃과 이름이 서로 어울리는 것도 있지만, 영 연관성이 없어 보이는 것들도 있어 애먹습니다. 끈끈이대나물도 그중의 하나입니다. 분홍, 그 예쁜 색과는 달리 왜 이름이 끈끈이고 대나물인지 모르겠습니다.

언니와 형부는 하루에 몇 시간씩 꽃밭에서 일합니다. 풀도 뽑고, 모종도 하고, 울타리도 세우고, 꽃이 잘 자라지 않는 곳엔 곡괭이로 땅 아래를 파보기도 하고, 몇 시간씩 물도 주고…. 나는 방 안에서 방문을 열어 놓고 그 풍경을 바라보며 책만 읽고 있습니다. 뙤약볕엔 나가지 않고, 물론 풀 한 포기도 뽑지 않습니다. 그러나 오늘따라 너무 오랫동안 작업을 하고 계시는 형부가 궁금해 살짝 내다보니, 우산 작업을 하고 있습니다. 꽃밭에 우산. 뭐지? 나가보지 않을 수 없습니다.

오월의 꽃이 지기 전, 벌써 유월의 꽃을 준비하고 있습니다. 백일홍 군락을 펼칠 계획인가 봅니다. 쪼그리고 앉아 땅에 꽂은 쇠막대기에 우산을 매다는 것으로, 오늘의 작업을 마무리하며 땀을 닦고 있습니다.

갑자기 구름 기둥이 생각났습니다. 하나님께서는 이스라엘 백성들을 보호하시기 위해 구름 기둥과 불 기둥으로 인도하셨는데, 꽃밭지기는 어린 백일홍들을 위해 우산 하늘을 준비했네요. 아비의 마음이라는 공통점이 성스럽습니다. 형부의 벌개진 얼굴을 보니, 절로 되는 일은 없는 것 같습니다. 꽃밭 가꾸는 일도 얼마나 힘든 노동인지. 하여도 하나님의 손길이 아니면 허사겠지요. 햇빛과 비와 바람이 아니면.

이렇게 새들이 노래하고, 나비와 벌들이 찾아와 노니는, 빨주노초파남보 꽃님이네 마당은 제 마음을 슬픔 속에서도 찬란한 빛깔로 수놓아주고 있습니다.

하늘로 떠난 남편에게도 말합니다.
당신도 다 보고 있지?

나는 아직도 웃다가 울다가를 반복하며 하루에도 몇 번씩 하늘과 땅을 오르내리고 있지만, 따뜻한 세끼 밥과 아침저녁으로 마시는 주스까지, 하루도 거르지 않고 내 앞에 가져다주는 언니의 자상한 배려도, 청색 보리밭만큼이나 뒤뜰의 데이지 언덕만큼이나 눈이 부셔, 상실의 아품을 추스르는 데 힘이 되고 있습니다.

멀리서 이곳까지 나를 보러와 준 형제들과 남편 친구 부부들, 그리고 30년 만에 보는 지인에게도 감사를 전합니다. 좋은 집이란 좋은 사람들이 찾아오는 집이다, 라는 말이 실감이 났습니다.

나도 이제 여러분들을 나의 꽃밭으로 초대하고 싶습니다. 맹희네 꽃밭에는 무슨 꽃들이 피어 있을까요? 언니, 형부, 삼촌, 동생, 나의 친구들과 이웃들, 그리고 샘물 가족들…. 이 가을에는 맹희네 꽃밭으로 놀러 오세요. 문빗장을 열어둡니다. 십여 년 전부터 마음에 씨를 뿌리고 꽃을 피웠습니다. 예순두 가지에요.

저도 열심히 땅을 뒤집고, 잡초를 뽑고, 물을 주었지요. 향기가 어떤지는 모르겠습니다. 양귀비처럼 화려하지 않은 것만은 분명합니다. 그러나 장다리꽃이어도 좋고, 괭이밥이어도 좋습니다. 무엇보다 주님이 내 손에 쥐여준 씨앗들을 키운 것이니, 꽃밭지기는 즐겁습니다. 제 이마에도 땀이 송송 맺혔고, 손마디도 제법 거칩니다.

이젠 이 꽃씨들이 스스로 바람 날개를 타고 날아가, 스스로 앉고 싶은 누군가의 마음의 자리에 살포시 앉았으면 좋겠습니다. 그리고 또다시 그 자리에서 한 송이 꽃으로 피어났으면 좋겠습니다. 달맞이꽃이어도 좋고, 금계국이어도 좋고, 쑥부쟁이여도 좋고, 개망초, 민들레, 토끼풀이어도 좋습니다. 단 한 편의 시라도 날아간 그곳에서 스스로 뿌리내리기를. 내게 일어났던 일들이 그들에게도 일어나기를. 회복되기를. 사랑하기를.

감사합니다.
마라나타!

꽃밭에 우산

1쇄 발행 2022년 10월 1일
2쇄 인쇄 2022년 11월 1일

지은이 김명희
펴낸이 송희진
편집부 나란히 우지연
마케팅 스티브jh
디자인 김선희 샘물
경영팀 강운자 박봉순
펴낸곳 한사람
출판등록 2020년 2월 1일 제894-96-01106호
주소 경기도 남양주시 다산지금로 202
홈페이지 https://hansarambook.modoo.at
블 로 그 https://blog.naver.com/pleasure20

ISBN 979-11-92451-06-0 (03230)